지성인을 위한

# 영문독해 컬처북 5

역사편

지성인을 위한
## 영문독해 컬처북 5
역사편

**저 자** 이원준
**발행인** 고본화
**발 행** 반석출판사
2014년 3월 15일 초판 2쇄 인쇄
2014년 3월 20일 초판 2쇄 발행
**반석출판사** www.bansok.co.kr
**이메일** bansok@bansok.co.kr

157-779 서울시 강서구 양천로 583번지 B동 904호
　　　(서울시 강서구 염창동 240-21번지 우림블루나인 비즈니스센터 B동 904호)
**대표전화** 02) 2093-3399 **팩 스** 02) 2093-3393
**출 판 부** 02) 2093-3395 **영업부** 02) 2093-3396
**등록번호** 제315-2008-000033호

**Copyright ⓒ** 이원준

**ISBN** 978-89-7172-560-3 (13740)

■ 교재 관련 문의 : 홈페이지 고객게시판 또는 bansok@bansok.co.kr을 이용해 주시기 바랍니다.
■ 이 책에 게재된 내용의 일부 또는 전체를 무단으로 복제 및 발췌하는 것을 금합니다.
■ 파본 및 잘못된 제품은 구입처에서 교환해 드립니다.

지성인을 위한
# 영문독해 컬처북 5

**역사편**

이원준 엮음

## HUMAN · SCIENCE

**Bansok**

바야흐로 지구촌이라는 말도 너무 넓게 느껴지는 시대다. 그러한 느낌은 더욱 가속화될 것 같다. 따라서 국제어로서 영어의 필요성 또한 그만큼 절실해진다. 영어라는 언어는 이미 영어 문화권에 국한된 의사소통 수단의 차원을 훌쩍 뛰어넘었다. 헝가리인, 중국인, 한국인이 만난 자리에서 주고받는 언어는 당연히 영어다. 훨씬 경제적이고 효율적이기 때문이다. 이뿐인가? 인터넷에 들어가 보면 '왜 영어인가' 하는 의문에 정답이 드러난다.

영어 학습에서 회화, 작문, 독해 등 골고루 실력을 쌓아야겠지만, 그 모든 근간을 이루는 것이 독해라는 데에는 이론의 여지가 없다. 그렇다면 영문 독해를 능숙하게 할 수 있는 길은 무엇일까? 인문, 사회, 자연과학 분야를 비롯해서 시사, 무역 등 실용 영문 텍스트를 올바로 선정하여 여러 차례 읽고 읽는 수 밖에는 달리 길이 없다는 것이 저자의 변함없는 믿음이다.

다독(多讀)을 거치고 나면 영문의 맥(脈)이 잡힐 것이다. 우리나라 대학생들의 반도 안 되는 영어 문법 실력을 가지고도 미국 고등학생들이 자유자재로 읽어낼 수 있는 이유를 잠깐이라도 숙고해 본다면 독해의 지름길은 이미 찾은 셈이다.

지성인을 위한 영문독해 컬처북 시리즈에는 TOEFL, SAT, 텝스, 대학편입시험, 대학원, 국가고시 등에 고정적으로 인용되는 주옥같은 텍스트들을 인문, 사회, 자연과학 분야별로 엄선, 체계적으로 엮어 놓았다. 이 정도만 무리 없이 해독(解讀)할 수 있다면 어떤 종류, 어떤 수준의 시험이라도 자신을 갖고 치러낼 수 있을 것이다.

### | 원문 선정 단계 |

전문성과 공신력을 높이기 위해 서울대학교 김진균 교수, 명지대학교 임석진 교수 등을 비롯한 해당 전문가들과의 활발한 논의를 거친 끝에 각 학문 분야의 범주와 원문을 선정하였다.

## 제1장_ 역사 · 역사 인식의 이해

1. *Robert V. Daniels*
   로버트 다니엘즈

2. *Robin George Collingwood*
   로빈 조지 콜링우드

## 제2장_ 역사 · 역사 인식의 전개

1. *Thomas Carlyle*
   토마스 칼라일

2. *Karl Federn*
   칼 페데른

3. *Jacob Bruckhardt*
   야코프 부르크하르트

4. *Friedrich Meinecke*
   프리드리히 마이네케

5. *Arnold J. Toynbee*
   아놀드 토인비

6. *E. H. Carr*
   E. H. 카

7. *Karl R. Popper*
   칼 포퍼

8. *Adam Schaff*
   아담 샤프

| Studying History : How and Why 역사 연구: 어떻게 왜 해야 하나 | **13** |
|---|---|
| The Idea of History 역사 이념 | **29** |
| Heroes, Hero-Worship and the Heroic in History 역사 속의 영웅, 영웅 숭배, 그리고 영웅 정신 | **51** |
| The Materialist Conception of History 유물론적 사관 | **65** |
| Reflections on History 역사에 관한 성찰 | **83** |
| The German Catastrophe 독일의 파국 | **99** |
| Civilization on Trial 문명의 위기 | **121** |
| The New Society 새로운 사회 | **135** |
| The Poverty of Historicism 역사주의의 빈곤 | **153** |
| History and Truth 역사와 진실 | **169** |

## 이 책의 특징 및 활용방법

역사를 보는 안목을 역사의식·역사관이라고 한다. 사람들이 살아왔던 수많은 시간의 의미를 우리는 어떻게 파악하고 이해할 수 있을 것인가.

제1장에서는 역사학 연구의 필요성과 그 대상, 방법, 가치 등을 논한 글을 수록했으며, 제2장에서는 역사적 전개과정을 통해 논의되었던 다양한 역사의식·역사관(영웅사관·유물사관·문화사관·역사주의사관·실증사관)을 수록했다. 마지막으로 아담 샤프의 글을 통해 역사의 의미를 재음미하고자 했다.

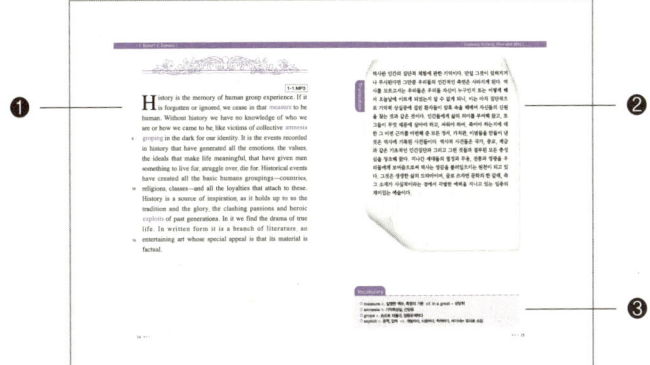

# 이 책을 읽는 세 가지 방법

### 한글로 된 현대 인문과학 고전을 이미 접했던 독자
왼쪽 페이지 ❶만 읽어본다. 한글로 읽었을 때 불분명했던 의미들이 영어로 읽었을 때 더 명확하게 잡히는 경우가 많다. 인문과학 용어들도 영어로 알게 되면 용어의 개념을 쉽게 알 수 있다. 인문과학 용어들을 영어로 한 번 익혀두면 앞으로 다른 인문 과학 서적을 읽을 때 더욱 수월하게 읽을 수 있을 것이다.

### 현대 인문과학 고전으로 영어 학습을 하고 싶은 독자
왼쪽 페이지 ❶을 해석하면서 어려운 부분은 자신이 한 해석과 오른쪽 페이지의 한글과 비교해 본다. 주요 단어와 구조는 별색 처리되어 있어 Vocabulary 박스 ❸을 참조할 수 있다. 원어민이 녹음한 mp3 파일을 들으면서 소리 내어 읽으면 더욱 효과적이다.

### 현대 인문과학 고전을 한 번도 접해보지 않았던 독자
오른쪽 페이지 ❷만 읽는다. 이 책의 한글 부분을 영어의 단순 해석을 뛰어넘는 하나의 작품으로 천천히 음미해 보자. 당시의 현대 사상이 현재에 어떻게 적용될 수 있는 지 고전과 새로운 대화를 시도해 본다. 고전과의 대화는 삶의 지평을 넓히는 계기가 될 것이다.

# 제 1 장

## 역사 · 역사인식의 이해

 로버트 다니엘즈는 버몬트 대학교 교수로 재직 중에 있다. 그는 역사란 과거의 사실, 역사는 인간의 집단적 경험에 대한 기록, 즉 '인간의 집단 경험'으로 정의내렸다. 이 책은 역사의 쓰임새와 분야, 역사해석, 사회과학으로서의 역사 등 역사의 의미와 연구방법, 여러 영역을 탐구한 역사 연구 입문서이다.

Robert V. Daniels
Studying History: How and Why

로버트 다니엘즈
역사 연구: 어떻게 왜 해야 하나

History is the memory of human group experience. If it is forgotten or ignored, we cease in that measure to be human. Without history we have no knowledge of who we are or how we came to be, like victims of collective amnesia groping in the dark for our identity. It is the events recorded in history that have generated all the emotions, the values, the ideals that make life meaningful, that have given men something to live for, struggle over, die for. Historical events have created all the basic humans groupings—countries, religions, classes—and all the loyalties that attach to these. History is a source of inspiration, as it holds up to us the tradition and the glory, the clashing passions and heroic exploits of past generations. In it we find the drama of true life. In written form it is a branch of literature, an entertaining art whose special appeal is that its material is factual.

## Translation

역사란 인간의 집단적 체험에 관한 기억이다. 만일 그것이 잊혀지거나 무시된다면 그만큼 우리들의 인간적인 측면은 사라지게 된다. 역사를 모르고서는 우리들은 우리들 자신이 누구인지 또는 어떻게 해서 오늘날에 이르게 되었는지 알 수 없게 되니, 이는 마치 집단적으로 기억력 상실증에 걸린 환자들이 암흑 속을 헤매며 자신들의 신원을 찾는 것과 같은 것이다. 인간들에게 삶의 의미를 부여해 왔고, 또 그들이 무엇 때문에 살아야 하고, 싸워야 하며, 죽어야 하는지에 대한 그 어떤 근거를 마련해 준 모든 정서, 가치관, 이념들을 만들어 낸 것은 역사에 기록된 사건들이다. 역사적 사건들은 국가, 종교, 계급과 같은 기초적인 인간집단과 그리고 그런 것들과 결부된 모든 충성심을 창조해 왔다. 지나간 세대들의 열정과 무용, 전통과 영광을 우리들에게 보여줌으로써 역사는 영감을 불러일으키는 원천이 되고 있다. 그것은 생생한 삶의 드라마이며, 글로 쓰자면 문학의 한 갈래, 즉 그 소재가 사실적이라는 점에서 각별한 매력을 지니고 있는 일종의 재미있는 예술이다.

## Vocabulary

- **measure** n. 일정한 액수, 측정의 기준 *cf.* **in a great ~** 상당히
- **amnesia** n. 기억력상실, 건망증
- **grope** v. 손으로 더듬다, 암중모색하다
- **exploit** n. 공적, 업적 vt. 개발하다, 이용하다, 착취하다, 여기서는 명사로 쓰임

## 1. Robert V. Daniels

History deserves to be studied out of curiosity if nothing else. The record of man's past offers a challenge for inquiry and understanding no less stimulating than the mysteries of outer space and subatomic matter that absorb the attention of the pure scientist, whether his investigation promises to yield practical results or not. It is a field of intellectual exploration and adventure, and these are fundamental human yearnings.

### Vocabulary

- **The record ~ offers**가 동사, **a challenge**가 목적어, **no less ~ pure scientist**가 목적 보어이며, **whether** 이하는 양보의 부사절이다
- **no less A than B**: B 못지않게 A(형용사)하다

| Studying History: How and Why |

역사는 최소한 호기심만으로도 배울 만한 가치가 있다. 이는 인간의 과거에 대한 기록을 탐구해 보고 이해하려는 의욕을 불러 일으켜 준다. 왜냐하면 그것은 마치 순수과학자들이 그들 연구의 실제적인 결과에 관계없이 그들의 주의력을 몰두케 하는 외계의 공간과 미립자 세계의 신비 못지않게 우리들의 지성을 자극하는 것이기 때문이다. 역사는 지적인 개척과 모험의 장이며, 개척과 모험은 인간의 근본적인 욕구들이다.

---

- □ **subatomic** a. 아(亞)원자의, 미립자의  n. **subatom**
- □ **exploration** n. 답사, 탐험, 탐구 = **inquiry** 진찰
- □ **yearning** n. 동정, 열망(for, of, towards)  a. 동경하는

### Does History Teach Lessons?

Like the pure pursuit of science, the pure study of history often has immense practical significance. A person must know some history if he is even to begin to understand the world he lives in, or to act with any wisdom and perspective. History is the record of all experience. The present is only a fleeting instant, and everything we are conscious of is already in the past, has already become a part of history. Intelligent action is based on learning from past experience, and thus it is in history of one sort or another that we must seek whatever answers we may hope to find about the conduct of human affairs.

The "lessons-of-history" is indeed a familiar phrase, so much so that the lessons are sometimes learned too well. History never repeats itself exactly; no historical situation is the same as any other; even two like events differ in that the first has no precedent, while the second has.

| Studying History: How and Why |

**Translation**

**역사는 교훈을 주는 것인가?**

순수과학의 추구와 같이 역사에 대한 순수한 연구도 간혹 상당히 실제적인 중요성을 지닌다. 사람은 심지어 자기가 살고 있는 세상을 이해하기 위해서라도, 또는 조금이라도 지혜와 선견을 가지고 행동하기 위해서라도 어느 정도 역사를 알아야만 한다. 역사란 모든 경험에 대한 기록이다. 현재란 결국은 흘러가는 순간일 뿐이며 우리가 의식하고 있는 것은 곧바로 과거 속으로 흘러 들어가 어느 사이에 이미 역사의 한 부분이 되어 버린다. 지혜로운 행동이란 과거의 경험으로부터 배운 바를 그 밑바탕으로 하고 있거니와, 따라서 우리가 인간사의 지침을 찾으려 한다면 우리가 바라는 대답이 무엇이건 간에 그것은 이런 저런 종류의 역사 속에서가 아니면 안 되는 것이다.

'역사의 교훈' 이라는 것은 낯익은 구절이고 또 그만큼 그런 교훈들은 너무나도 잘 알려져 있다. 역사란 결코 동일한 모양으로 되풀이되지 않는다. 어떠한 역사적 상황도 서로 똑같을 수는 없다. 설령 비슷한 두 사건이 있다 하더라도, 먼저 일어난 사건은 전례가 없었는데 반하여 나중에 일어난 사건은 전례가 있었다는 점에서 양자는 서로 다른 것이다.

**Vocabulary**

- fleeting a. 잠시의, 덧없는, 무상한  syn. transient
- it is in history  of ~ 는 it ~ that 문장으로 it은 we must seek이며 whatever ~는 양보절
- so much so ~될 정도로, 대단히, ~해서, 그만큼 더
- precedent n. 전례, 종래의 관례, 판례  a. 앞서는, 이전의

But even in this respect history can teach a lesson – namely, that nothing ever stays the same. "You cannot step twice into the same river," said the ancient Greek philosopher Heraclitus, "for fresh waters are ever flowing in upon you." The only unchanging thing in human affairs is the constancy of change itself.

The process of history is unique, but nonetheless intelligible. Each situation and event is distinct, but each is connected to all the foregoing and succeeding ones by a complex web of cause and effect, probability and accident. The present may be the consequence of accidents, or of irresistible forces, but in either case the present consequences of past events are real and irreversible.

The unique present, just as each unique point in the past, is utterly unintelligible unless we understand the history of how it came to be.

| Studying History: How and Why |

## Translation

이러한 면에 있어서도 역사는 하나의 교훈, 즉 그대로 머물러 있는 것은 아무것도 없다는 것을 가르쳐 주고 있다. 고대 그리스의 철인 헤라클레이토스는 "사람은 두 번 다시 같은 강물에 발을 담글 수 없는 것이니, 끊임없이 새로운 강물이 흘러오기 때문이다"라고 말했다. 인간사에 있어서 단 한 가지 변하지 않는 것이 있다면, 그것은 만사가 끊임없이 변한다고 하는 바로 그 점이다.

역사의 과정은 독특한 것이지만 그럼에도 불구하고 이해될 수 있다. 상황과 사건들은 독특하지만 그 각각의 것들은 원인과 결과, 개연성과 우연성이라는 복잡한 그물에 의하여 그것들에 선행하고 후속되는 사건들과 관련을 맺고 있다. 현재적 상황이란 우연의 결과일 수도 있고 불가항력의 결과일 수도 있겠지만, 그러나 그 어느 경우에 있어서건 과거의 사건들이 빚어낸 현재의 결과라고 하는 것은 엄연한 사실이며 돌이킬 수 없는 것이다. 만일 우리가 어떻게 해서 오늘에 이르게 되었는가 하는 역사에 관한 지식이 없다면, 과거에 시시각각으로 일어난 독특한 상황들과 마찬가지로 현재의 이 독특한 상황도 이해할 수 없는 것이다.

## Vocabulary

- **foregoing** a. 잇달아 일어나는, 계속하는, 다음의 = following
- **irreversible** a. 거꾸로 할 수 없는, 전도불능의, 철회할 수 없는
- **utterly** a. 완전히, 순전히, 아주

## 1. Robert V. Daniels

While history is a record of unique happenings, it is something more than chaos. To perceive the elements of order in the chaotic record of past events is the great task of the historian. Events, people, groups, institutions fall into certain classes that exhibit at least partial regularities. We can use the words *France*, *king*, *war*, *caravan route* independently of particular time and people and still know more or less what we are talking about. On a broader scale the historian can conceive of historical "trends" or "processes," where one event leads to another in a more or less logical way. Thinking in such terms is very important when it comes to understanding how the present – which is really the immediate, perceivable past – has grown out of the more remote past.

| Studying History: How and Why |

## Translation

역사는 독자적인 사건들의 기록이면서도, 혼란 이상의 것이다. 과거 사건들의 무질서한 기록 가운데에서 질서의 요소를 파악해 내는 일은 역사가들이 해야 할 특별한 임무이다. 사건들, 사람들, 집단들, 제도들은 적어도 부분적인 동질성을 나타내는 일정한 범주 속에 포함된다. 우리들은 특정한 시대와 사람들에 무관하게 '프랑스' 니 '왕' 이니 '전쟁' 이니 '개척자' 니 하는 단어들을 사용할 수 있으며, 그러면서도 우리들이 무엇에 대하여 이야기를 하고 있는지에 대해서도 다소 알 수 있다. 넓은 안목을 통하여 역사가들은 어떠한 하나의 사건이 다소 논리적인 방식으로 또 다른 사건으로 전개되어 가는 역사적인 '추세' 라든가 '흐름' 을 파악할 수가 있다. 이러한 식으로 사고한다는 것은 현재 — 이것은 참으로 직접적이고 또한 지각이 가능한 과거이다 — 가 어떻게 하여 보다 먼 과거로부터 성장되어 나왔는가를 우리가 이해하려고 할 때에 매우 중요하다.

## Vocabulary

- **fall into** ~이 되다, ~에 빠지다, ~하기 시작하다 = begin
- **caravan** n. 이동식 주택, (사막을 건너는) 대상

The same approach is the only way in which we can rationally anticipate the future—to observe the processes of change or development to have been going on up to now and to project them into the future, i.e., to guess what will happen if they continue in the same way.

Professional historians do not have any monopoly on the thoughtful study of human affairs. All of the other social sciences and humanities are engaged in this, though people in each discipline work from their own particular standpoint. History, however, must be drawn upon by all other fields. It offers the raw record of what has happened, and it sets the context of unique situations in the stream of time within which the other forms of specialized inquiry must operate.

| Studying History: How and Why |

## Translation

마찬가지로 미래라는 것도 이러한 접근방법에 의해서만이 합리적으로 예측 — 지금까지 진행하여 온 변화의 발전과정을 관찰하고 다시 그것을 미래에 투영하는, 말하자면 같은 식으로 계속될 경우 장차 일어날 사태가 무엇인가 하는 것에 대한 추측 — 을 할 수 있는 것이다. 인간사에 관한 사려 깊은 연구가 전문적인 역사가들에 의해서만 독점되고 있는 것은 아니다. 여타의 모든 사회과학과 인문과학들이 각기 그들 나름의 특수한 관점에 입각하여 이 문제에 참여하고 있다. 그러나 여타의 모든 학문들은 역사학의 도움을 받지 않으면 안 된다. 역사학은 일어난 일들에 관한 자료적인 기록을 제공해 주며, 다른 형태의 전문적인 연구가 행해져야 할 독특한 상황의 전후맥락을 시대적 흐름 속에서 정리해 주기 때문이다.

## Vocabulary

- **monopoly** n. 전매, 독점  vi. 전매하다
- **discipline** n. 훈련, 수양, 예절, 징계, 기강
- **draw upon(on)** 유발하다, ~에 의지하다, 여기서는 수동태로 쓰였으므로 다른 학문들이 사학에 의존해야 한다는 뜻
- **within which** 이하는 **the context**에 연결되며 **in the stream of time**은 부사구

| 1. Robert V. Daniels |

This outward-looking emphasis on the broad range of human affairs does not exhaust the value of history. The study of history is important not only for what it tells us about our world, but also for its value in developing our powers of thinking. Successful historical study forces us to train and exercise all the essential aspects of intellectual activity—it excites curiosity and the spirit of inquiry; it disciplines the faculty or reason; it cultivates the arts of self-expression and communication. Historical study is also fundamental in developing the attitudes of mind that distinguish the educated man—the habits of skepticism and criticism; of thinking with perspective and objectivity; of judging the good and the bad and the in-between in human affairs; of weighing the pros and cons and discerning the different shades of gray that lie between the white and the black. Historical study leads toward, though it does not guarantee, the attainment of the greatest value that the philosophers have held up for us—wisdom.

| Studying History: How and Why |

## Translation

우리는 지금까지 역사학이 인간사를 폭넓게 망라하는 학문이라는 점에 관하여 외면적인 강조를 해왔는데, 그러나 그 점만이 이 학문의 가치의 전부는 아니다. 역사학은 그것이 우리들이 살고 있는 세계에 대하여 말해주고 있을 뿐만 아니라 또한 우리들의 사고력을 발전시켜 준다는 의미에서도 중요하다. 역사 공부를 성공적으로 할 경우에 우리들은 지적 활동의 모든 필수적인 측면들을 훈련하고 연마하게끔 된다. 즉 그것은 호기심과 탐구정신을 자극하고 추론능력을 세련시켜 주며 자기표현과 대화의 기술을 향상시켜 줄 것이다. 역사공부는 또한 교양인들이 지니게 되는 독특한 사고태도, 즉 회의와 비판의 습관, 앞을 내다보는 선견과 객관성을 가지고 사고하는 습관, 인간사에 있어서 선과 악, 그리고 그 사이의 중간적인 것들을 분별하는 습관, 옳고 그름의 비중을 재고, 흑과 백 사이의 회색 속에 들어 있는 여러 가지 명암의 정도차를 분간해 내는 습관들을 발전시켜 나가는 데 있어서도 또한 필수적이다. 역사 공부야말로 철학자들이 우리에게 제시하여 주는 지혜로 — 지혜를 확실히 보장해 주지는 않지만 — 이끌어 준다.

## Vocabulary

- **discipline** vt. 훈련(단련)시키다, 징계하다
- **faculty** n. 1 기능, 작용; 정신적 능력 2 대학의 학부
- **in-between** a. 중간적인 n. 중간물, 중개자 = go-between
- **attainment** n. 1 도달, 달성 the attainment of one's aim 목적의 달성 2 학식, 재능, 예능

콜링우드(1889-1943)는 영국의 철학자이자 역사가로 옥스퍼드 대학교의 정교수를 지냈다. 그는 그리스도교 역사 이해에 있어서 매우 중요한 학자로 평가받는다. 그의 역사 이해 위에서 하나님의 간섭과 섭리를 찾아내고자 한다.『예술의 원리』,『자서전』,『형이상학론』,『철학적 방법론』,『로마 시대 영국』 등의 주목할 만한 책들을 썼다.

## 2

# Robin George Collingwood
## The Idea of History

로빈 조지 콜링우드
역사 이념

## 2. Robin George Collingwood

1-2.MP3

History, like theology or natural science, is a special form of thought. If that is so, questions about the nature, object, method, and value of this form of thought must be answered by persons having two qualifications. First, they must have experience of that form of thought. They must be historians. In a sense we are all historians nowadays. All educated persons have gone through a process of education which has included a certain amount of historical thinking. But this does not qualify them to give an opinion about the nature, object, method, and value of historical thinking. For in the first place, the experience of historical thinking which they have thus acquired is probably very superficial; and the opinions based on it are therefore no better grounded than a man's opinion of the French people based on a single weekend visit to Paris.

| The Idea of History |

## Translation

역사학은 신학이나 자연과학이 그런 것처럼 사고의 한 특수 형태이다. 만일 그렇다면 이 특수형태의 사고의 본질, 대상, 방법 그리고 가치에 관한 의문에 대해서는 다음과 같은 두 가지의 자격을 소유하고 있는 인물이 해답을 주어야 한다.

첫째, 그 해답자는 이와 같은 형태의 사고에 대해서 경험을 가진 자이어야 한다. 즉, 그는 역사가이어야 한다. 어떤 의미에서 볼 때, 우리는 현재 모두가 역사가이다. 교육을 받은 모든 인물들은 어느 정도 역사적 사고가 포함되어 있는 교육과정을 경과하였다. 그러나 이 교육과정이 그들에게 역사적 사고의 본질, 대상, 방법, 가치에 대한 이견을 제시할 수 있는 자격을 부여하지는 않는다. 왜냐하면, 첫째로, 이와 같이 해서 획득한 그들의 역사적 사고에 대한 경험은 매우 피상적인 것이며, 따라서 그 경험에 기초를 두고 있는 의견들은 단순한 주말여행으로 파리(Paris)를 방문한 경험을 기초로 해서 프랑스 민족에 관하여 갖는 사람의 의견과 마찬가지로 확고한 기초를 갖지 못한 의견이기 때문이다.

### Vocabulary

- that = history, so = is a special form of thought
- qualification n. 자격
- and the opinions(which are) based on it are ~에서 the opinions의 동사는 are에 연결
- no better than ~나 매한가지, ~에 지나지 않다
- ground(ed) vt. (사실에) 입각하다, 기초를 두다, ~에 입각(의거)하다(on, upon)

## 2. Robin George Collingwood

In the second place, experience of anything whatever gained through the ordinary educational channels, as well as being superficial, is invariably out of date. Experience of historical thinking, so gained, is modelled on text-books, and text-books always describe not what is now being thought by real live historians, but what was thought by real live historians at some time in the past when the raw material was being created out of which the text-book has been put together. And it is not only the results of historical thought which are out of date by the time they get into the textbook. It is also the principles of historical thought that is, the ideas as to the nature, object, method, and value of historical thinking. In the third place, and connected with this, there is a peculiar illusion incidental to all knowledge acquired in the way of education: the illusion of finality. When a student is *in statu pupillari* with respect to any subject whatever, he has to believe that things are settled because the text-book and his teachers regard them as settled.

### Vocabulary

- whatever gained through ~ channels는 삽입구이며 주어는 experience of anything 이고 동사는 is에 연결 된다
- out of which에서 which의 선행사는 raw material(원자재), out of = from

| The Idea of History |

둘째로, 일상적인 교육경로를 통하여 획득한 경험은 그것이 어떤 것이든 간에 피상적인 것이며 동시에 늘 시대에 뒤떨어진 것이다. 이렇게 해서 획득된 역사적 사고에 대한 경험은 교과서의 형식대로 작성된 것이며, 그리고 교과서는 그것이 어떤 것이든, 실제로 살아 있는 역사가에 의해서 현재에 사고되고 있는 것을 기술한 것이 아니라, 어느 정도 시간이 경과된 과거에, 즉 교과서 편찬의 원래 자료가 만들어져 있었던 시기에 실제로 살아있던 역사가들에 의해서 사고된 것을 기술한 것이다. 여기서 문제시되는 것은 거기서 획득된 역사적 사고의 제 결론이 그 교과서가 편찬되던 시기에 이미 시대적으로 뒤떨어져 버렸다고 하는 점에 있는 것만이 아니라, 역사적 사고의 제 원리, 즉 역사적 사고의 본질, 대상, 방법 그리고 가치에 관한 제 관념도 또한 문제가 된다. 세 번째로, 그리고 이상에서 논의된 문제와 관련해서 교육의 방법으로 획득된 모든 지식에는 특수한 환상, 즉 단정이라는 환상이 따르고 있다. 어느 학생이 생도의 입장에서 어떤 주제에 대한 견해를 갖게 될 때, 그것이 어떤 것이든 간에 그는 사물들이 고정되어 있는 것으로 믿지 않을 수 없다. 왜냐하면, 그의 교과서와 선생이 사물을 고정된 것으로 생각하고 있기 때문이다.

□ **And it is not only**에서 **it**는 앞 문장 전체의 내용이며, 이 문장은 다음 문장 **it is also ~**와 **not only A but also B**의 형식으로 이어 진다
□ **in statu pupillari** 생도의 입장에서

The second qualification for answering these questions is that a man should not only have experience of historical thinking but should also have reflected upon that experience. He must be not only an historian but a philosopher; and in particular his philosophical thought must have included special attention to the problems of historical thought. Now it is possible to be a quite good historian (though not an historian of the highest order) without thus reflecting upon one's own historical thinking. It is even easier to be quite good teacher of history (though not the very best kind of teacher) without such reflection. At the same time, it is important to remember that experience comes first, and reflection on that experience second. Even the least reflective historian has the first qualification.

| The Idea of History |

**Translation**

이러한 제 의문에 대해서 답변할 수 있는 제2의 자격을 가진 사람이란, 역사적 사고에 대한 경험을 가지고 있을 뿐만 아니라, 그 경험에 대한 성찰을 할 수 있는 사람이다. 즉 그 사람은 역사가일 뿐만 아니라 철학자이기도 해야 한다. 그리고 특히 그의 철학적 사고에는 역사적 사고에 관한 제 문제에 대해 특별한 관심이 포함되어 있어야 한다. 자기 자신의 역사적 사고에 대하여 이같이 성찰할 수 없는 사람도 매우 훌륭한 역사가(최고의 역사가는 아닐지라도)는 될 수 있다. 또 그와 같은 성찰을 할 수 없어도 훌륭한 역사교사가 되는 것(가장 훌륭한 유형의 교사는 아닐지라도)은 보다 용이하다. 그러나 그와 동시에 첫째로 경험하고, 둘째로 그 경험에 대한 성찰을 해야 한다는 사실을 기억한다는 것은 중요하다. 최소한의 성찰을 할 수 있는 역사가라 할지라도 첫 번째 자격은 갖추고 있는 것이다.

**Vocabulary**

- **reflect upon** vt. 회고하다, 곰곰이 생각하다, 숙고하다  a. **reflective**
- **At the same time** = **simultaneously** 동시에

35

He possesses the experience on which to reflect; and when he is asked to reflect on it his reflections have a good chance of being to the point. An historian who has never worked much at philosophy will probably answer our four questions in a more intelligent and valuable way than a philosopher who has never worked much at history.

I shall therefore propound answers to my four questions such as I think any present-day historian would accept. Here they will be rough and ready answers, but they will serve for a provisional definition of our subject-matter and they will be defended and elaborated as the argument proceeds.

**(a) The definition of history**

Every historian would agree, I think, that history is a kind of research or inquiry. What kind of inquiry it is I do not yet ask. The point is that generically it belongs to what we call the science: that is, the forms of thought whereby we ask questions and try to answer them.

## Translation

그는 자기가 무엇에 대해서든 성찰해 본 경험은 가지고 있으므로, 누가 그에게 그 경험에 대해서 성찰해 보라고 요구한다면, 그는 자기성찰을 그 점에 맞추어서 할 수 있는 충분한 능력을 가지고 있기 때문이다. 철학에 대해서 많은 것을 연구해 본 적이 없는 역사가는, 역사에 대해서 많은 것을 연구해 본 적이 없는 철학자보다 더 지적이고 가치 있는 방법으로 이상의 네 가지 의문에 대해서 답변할 것이다.

그러므로 나는 오늘날의 역사가가 용인해야 할 것이라고 생각되는 네 가지 의문에 대한 답변을 제시하고자 한다. 이들은 졸속한 해답이 될 것이다. 그러나 이들은 우리의 주제를 임시적으로 정의하는 데는 도움이 될 것이다. 그리고 나는 논의과정에서 이들을 변호하며 상세한 설명을 덧붙여 갈 것이다.

(a) 역사학의 정의

역사학은 일종의 조사 또는 연구라는 내 생각에 대해서 모든 역사가는 동의할 것이다. 나는 여기서 그것이 어떠한 종류의 연구인가에 대해시는 묻지 않는다. 문제의 초점은 역사학이 발생학적으로 볼 때, 소위 과학에 속한다고 하는 것이다. 즉 과학이란 의문을 제기하고 그에 대한 해답을 얻고자 하는 사고의 형태를 말한다.

## Vocabulary

- **propound** vt. 제출하다, 제의(제안)하다  **n. proposition** 제안, 제의, 주장, (수학) 정리, 명제
- **provisional** a. 임시의(= temporary), 잠정적인, 일시적인
- **whereby** ad. (그것에 의하여) ~하는 = by which

## 2. Robin George Collingwood

Science in general, it is important to realize, does not consist in collection what we already know and arranging it in this or that kind of pattern. It consists in fastening upon something we do not know, and trying to discover it. Playing patience with things we already know may be a useful means towards this end, but it is not the end itself. It is at best only the means. It is scientifically valuable only in so far as the new arrangement gives us the answer to a question we have already decided to ask. That is why all science begins from the knowledge of our own ignorance: not our ignorance of everything, but our ignorance of some definite thing—the origin of parliament, the cause of cancer, the chemical composition of the sun, the way to make a pump work without muscular exertion on the part of a man or a horse or some other docile animal. Science is finding things out: and in that sense history is a science.

| The Idea of History |

**Translation**

일반적으로 과학은 우리가 이미 알고 있는 것을 수집하는 것과 그 수집된 것을 이러한 또 그 밖에 다른 종류의 유형으로 배열하는 것으로 구성되지 않음을 깨닫는 것이 중요하다. 또 과학은 우리가 알지 못하고 있는 어떤 것에 집착해서 그것을 발견하고자 하는 노력으로 구성된다. 우리가 이미 알고 있는 사물에 대하여 인내로써 집착하는 것은 이와 같은 목적을 위해서 유용한 수단일 수 있다. 그러나 그것이 목적 자체일 수는 없다. 그것은 기껏해야 수단일 뿐이다. 그것은 우리가 질문하기로 결심한 것에 대한 해답을 그 새로운 정리가 우리에게 제공할 때에 한해서만 과학적으로 가치가 있다. 이와 같은 이유로 모든 과학은 우리 자신의 무지에 대한 인식으로부터 비롯되는 것이다. 여기서 무지란 모든 사물에 대한 우리의 무지가 아니라 어떠한 일정한 사물에 대한 무지이다. 즉 의회의 시원, 암의 원인, 태양의 화학적 구성, 인간 또는 그 밖의 순종적인 동물의 일부분에서 근육운동이 없이 이루어지고 있는 펌프 작용의 원리 등에 대한 무지이다. 과학은 사물을 발견해 내는 것이다. 그리고 이러한 의미에서 역사학은 일종의 과학이다.

**Vocabulary**

- science의 동사는 **does not consist in**에 이어지며, **it is important to realize**는 삽입절
- **play patience with** = 집착하다, 참을성 있게 견디다
- **at best** = 기껏해야  *cf.* **at most** 많아야  **(in)so far as** ~하는 한(에서는)
- **parliament** n. 의회  *cf.* **congress** (미국) 국회, **diet** (일본) 국회
- **docile** a. 유순한, 다루기 쉬운

### (b) The object of history

One science differs from another in that it finds out things of a different kind. What kind of things does history find out? I answer, *res gestae* : actions of human beings that have been done in the past. Although this answer raises all kinds of further questions many of which are controversial, still, however they may be answered, the answers do not discredit the proposition that history is the science of *res gestae*, the attempt to answer questions about human actions done in the past.

| The Idea of History |

### (b) 역사학의 대상

어떠한 과학이 타과학과 구별되는 것은 그 과학이 각각 다른 종류의 사물을 발견해내고 있다는 데 있다. 역사학은 어떠한 종류의 사물을 발견해내는가? 나도 과거에 이미 행하여진 인간의 행동, 즉 res gestae라고 답변한다. 이 답변으로 해서 많은 논쟁을 일으킬 수 있는 그 이상의 질문이 야기될 것이다. 그러나 그 질문에 대해서 어떠한 답변이 나온다 할지라도, 그 답변이 역사학이란 인간행동의 과학, 즉 과거에 행하여진 인간행동에 대한 질문을 답변하려는 시도라는 전제를 불신하게끔 하지 않는다.

### Vocabulary

- **res gestae** 과거에 이루어진 인간의 행동
- **Although**로 시작되는 종속절은 **however they may be answered**까지이며, 주절의 주어는 다음에 나오는 **the answers**이다
- **controversial** a. 논의의 여지가 있는, 논쟁의  n. **controversy, contention, debate**
- **discredit** vt. 믿지 않다, 의심하다  n. 불신, 불명에  opp. **credit**

**(c) How does history proceed?**

History proceeds by the interpretation of evidence: where evidence is a collective name for things which singly are called documents, and a document is a thing existing here and now, of such a kind that the historian, by thinking about it, can get answers to the questions he asks about past events. Here again there are plenty of difficult questions to ask as to what the characteristics of evidence are and how it is interpreted. But there is no need for us to raise them at this stage. However they are answered, historians will agree that historical procedure, or method, consists essentially of interpreting evidence.

| The Idea of History |

## Translation

(c) 역사학은 어떻게 진행되는가?

역사학은 증거의 해석으로 진행한다. 여기서 증거란 단순한 기록 문서라고 호칭되는 사물들에 대한 집합명사다. 그리고 기록 문서란 현재 여기에 존재하고 있는 사물이며, 역사가가 이에 대해서 사고함으로써, 그가 과거 사건에 대해서 묻고 있는 질문에 대한 해답을 얻을 수 있는 그러한 종류의 사물이다. 여기서 다시 증거의 제 성격은 어떤 것이며, 그것을 어떻게 해석해야 될 것인가에 관한 어려운 질문이 많이 야기된다. 그러나 우리가 현 단계에서 그 같은 질문을 제기할 필요는 없다. 그 질문에 대해서 어떻게 답변이 되든, 역사적 과정 또는 방법은 본질적으로 증거를 해석하는 것으로 성립된다는 사실에 대해서 역사가늘은 동의할 것이다.

## Vocabulary

- collective a. 집단의, 공동의
- consist (of) ~으로 이루어져 있다(= compose of)  cf. consist(in) ~에 존재하다, 있다(= lie in)

**(d) Lastly, What is history for?**

This is perhaps a harder question than the others; a man who answers it will have to reflect rather more widely than a man who answers the three we have answered already. He must reflect not only on historical thinking but on other things as well, because to say that something is 'for' something implies a distinction between A and B, where A is good for something and B is that for which something is good. But I will suggest an answer, and express the opinion that no historian would reject it, although the further questions to which it gives rise are numerous and difficult.

| The Idea of History |

**Translation**

(d) 마지막으로, 역사학의 목적은 무엇인가?

이 질문은 다른 것에 비해서 어려운 셈이다. 이 질문에 답변하는 사람은 본인이 이미 답변한 바 있는 세 가지 질문에 대해 답변하는 사람에 비해서 더 광범위하게 성찰하지 않으면 아니 될 것이다. 그가 성찰해야만 될 것은 역사적 사고에 대한 것뿐이 아니라, 다른 사물에 대해서도 마찬가지다. 왜냐하면 어떤 사물이 어떤 사물을 '위한' 것이라고 말하는 것은 A와 B 간의 구별을 암시하는 것이기 때문이다. 여기서 A는 어떤 사물을 위해서 좋고 B는 어떤 사물이 좋게 하는 대상이 된다. 그러나 나는 하나의 답을 시사 하고자 한다. 그리고 비록 그 답으로 해서 야기되는 그 이상의 질문이 수적으로 많고 난해하더라도 역사가가 결코 그것을 부정하지 못할 의견을 표하고자 한다.

**Vocabulary**

- **what ~ for?** 무슨 목적으로, 왜, 무엇 때문에
- **reject** v. 배척하다; 각하하다, 거절하다
- **although** 이하 종속절의 주어는 **the further questions ~ gives rise**까지며 동사는 **are**이다

My answer is that history is 'for' human self-knowledge. It is generally thought to be of importance to man that he should know himself: where knowing himself means knowing not his merely personal peculiarities, the things that distinguish him from other men, but his nature as man. Knowing yourself means knowing, first, what it is to be a man; secondly, knowing what it is to be the kind of man you are; and thirdly, knowing what it is to be the man you are and nobody else is. Knowing yourself means knowing what you can do; and since nobody knows what he can do until be tries, the only clue to what man can do is what man has done. The value of history, then, is that it teaches us what man has done and thus what man is.

| The Idea of History |

### Translation

　나의 답은, 역사학이란 인간의 자아인식을 '위한' 것이라는 데 있다. 인간이 자기를 인식한다는 것은 인간에게 중요하다고 일반적으로 생각되고 있다. 여기서 자기를 인식한다는 것은, 단순히 자기의 개인적 특성, 즉 타인과 자기와의 구별은 인식한다는 사실을 의미하는 것이 아니라, 인간으로서의 자신의 본성을 인식한다는 것을 의미한다. '너 자신을 알라'라는 말이 갖는 의미는 첫째, 인간이란 무엇이냐를 알리는 것이요, 둘째, 너는 어떠한 유의 인간인가 하는 점을 알라는 것이요, 셋째, '너' 즉 다른 사람이 아닌 너는 어떠한 인간인가라는 점을 알라는 것이다. '너 자신을 알라'는 말이 갖는 의미는 네가 무엇을 할 수 있는가 하는 점을 알라는 것이며, 또 그가 무엇을 할 수 있는지는 그가 그것을 하려고 노력하기 이전까지는 아무도 모르므로, 인간이 무엇을 할 수 있는가를 해결할 수 있는 유일한 단서는 인간이 무엇을 행하여 왔는가 하는 것이다. 따라서 역사학의 가치는 인간이 무엇을 해 왔는가, 그리고 인간이 무엇인가 하는 것을 우리에게 가르쳐 준다는 데 있다.

### Vocabulary

- **self-knowledge** n. 자각, 자기인식
- **merely** ad. 다만, 단지 ~에 불과하여
- **peculiarity** n. 1 특색, 특성 2 이상한 버릇
- **clue** n. 실마리, 단서 = clew

# 제 2 장

## 역사 · 역사인식의 전개

토마스 칼라일(1795~1881)은 밀과 더불어 빅토리아 시대 영국 지성계의 양대 산맥으로 꼽히는 영국의 역사가이자 문인이다. 그는 교회등 모든 종교 형식을 거부하면서도 칼뱅주의의 확고한 도덕성을 견지했으므로 '신학없는 칼뱅주의자'로 불린다. 그의 대표작인 이 책에서 그는 성실하고 용기있는 영웅적 지도자가 필요하고 그들을 존경해야 하며, 영웅을 알아보기 위해서는 안목을 갖춘 작은 영웅들이 필요하므로 영웅들로 가득한 세계에서만 진정한 영웅 숭배가 가능하다는 이상주의적인 주장을 폈으며, 이에 따른 역사에서의 개개인의 역량을 중요시했다.

# Thomas Carlyle
# Heroes, Hero-Worship and the Heroic in History

토마스 칼라일
역사 속의 영웅, 영웅 숭배, 그리고 영웅 정신

## 1. Thomas Carlyle

We have undertaken to discourse here for a little on great men, their manner of appearance in our world's business, how they have shaped themselves in the world's history, what ideas men formed of them; what work they did; -on heroes, namely, and on their reception and performance; what I call hero-worship and the heroic in human affairs. Too evidently this is a large topic; deserving quite another treatment than we can expect to give it at present. A large topic; indeed, an illimitable one; wide as universal history itself. For, as I take it, universal history, the history of what man has accomplished in this world, is at bottom the history of the great men who have worked here.

They were the leaders of men, these great ones; the modelers, patterns, and in a wide sense creators, of whatsoever the general mass of men contrived to do or to attain;

---

**Vocabulary**

- hero-worship n. 영웅, 숭배
- the heroic 영웅성, 영웅적임
- illimitable a. 무한한, 끝없는 = endless
- at bottom 본심은, 사실은

| Heroes, Hero-Worship and the Heroic in History |

나는 여기서 잠시 동안 위인에 관해서, 위인이 이 세상사에 관여한 방식, 즉 위인은 세계사에서 어떻게 하여 자기를 형성하고, 사람들은 그 위인을 어떻게 보고, 위인은 어떠한 일들을 하였는가, 영웅과 그가 받은 대우와 그 공적, 즉 내가 말하는 영웅 숭배와 인간사에서의 영웅성에 관하여 말하겠다. 말할 것도 없이 이것은 큰 주제로서, 내가 여기서 기도하고 있는 취급 방법과는 전연 다른 취급 방법을 취할 가치가 있는 것이다. 이는 크고도 틀림없이 제한이 없는 주제이며 보편적 역사, 즉 인간이 이 세상에서 달성한 일체의 것의 역사는 근본적으로는 이 세상에서 활동한 위인의 역사이기 때문이다.

그들, 이러한 위인들은 인간의 지도자였던 것이다. 즉 위인은 일반 대중이 할 수 있었던 또는 수행했던 것의 원안 작성자이자 표준이며 넓은 뜻으로서의 창조자였다.

- □ They were the leaders of men, these great ones. 문장에서 these great ones는 men이 아니라 they를 가리킨다.
- □ modeler n. 모형(소상)을 만드는 사람, 조형가
- □ in a wide sense 넓은 의미에서

### 1. Thomas Carlyle

all things that we see standing accomplished in the world are properly the outer material result, the practical realization and embodiment, of thoughts that dwelt in the great men sent into the world: the soul of the whole world's history, it may justly be considered, were the history of these. Too clearly it is a topic we shall do no justice to in this place!

One comfort is, that great men, taken up in any way, are profitable company. We cannot look, however imperfectly, upon a great man, without gaining something by him. He is the living light-fountain, which it is good and pleasant to be near. The light which enlightens, which has enlightened the darkness of the world; and this not as a kindled lamp only, but rather as a natural luminary shining by the gift of heaven; a flowing light-fountain, as I say, of native original insight, of manhood and heroic nobleness; in whose radiance all souls feel that it is well with them.

### Vocabulary

- **embodiment** n. 구체화(= realization), 구현, 화신  v. embody
- **it may justly be considered** 그것이 정당하게 평가된다면
- **a topic we shall do no justice to** 마지막 to는 전치사로 그 목적어는 topic. '우리가 공정하게(충분히) 평가하지 못할 주제'
- **profitable** a. 유리한, 벌이가 많은, 유익한 = beneficial

| Heroes, Hero-Worship and the Heroic in History |

즉 세계에서 달성되고 있는 모든 것은, 이 세상에 태어난 위인들이 품고 있던 사상의 외적·물질적 결과이며, 실제적인 재현·구현이다. 전 세계 역사의 진수는 그러한 사상의 역사라고 해도 무방할 것이다. 이것이 이 자리에서는 충분히 다루어질 수 없는 주제임은 너무나도 명백한 일이다!

한 가지 다행한 것은 위인은 어떠한 방법으로 다루어도 유익한 반려자가 된다는 것이다. 아무리 불완전하게 본다 하더라도, 우리들은 위인으로부터 반드시 무엇인가를 얻게 되는 것이다. 그것은 살아 있는 빛의 샘으로써, 곁에 있으면 유익하고 즐겁기도 하다. 그것은 세상의 암흑을 비추고 또 이제까지 비추어온 빛이다. 이것은 단지 켜놓은 등불이 아니고, 그보다도 오히려 하늘의 선물에 의하여 태어나면서부터 반짝이는 발광체이다. 이것은 내가 말하듯이 태어나면서부터 갖추어진 독특한 통찰력과 용기와 영웅적 고결성이 용솟음치는 빛의 샘이다 — 그 빛을 쬘 때 뭇사람들은 그것이 그들에게 유익한 것임을 느낀다.

---

- □ **cannot look upon a great man, without ~** (불완전하게라도) 우리가 위대한 사람을 관찰한다면, 항상 (그로 인해 무엇인가를 얻을 수 있을 것이다)
- □ **enlighten** v. 계몽하다, 밝혀주다, 가르치다  n. **enlightenment**
- □ **kindle** vi. 태우다, 불붙이다, 타오르게 하다
- □ **luminary** n. 발광체, 권위자, 위대한 지도자

## 1. Thomas Carlyle

On any terms whatsoever, you will not grudge to wander in such neighborhood for a while. These six classes of heroes, chosen out of widely-distant countries and epochs, and in mere external figure differing altogether, ought, if we look faithfully at them, to illustrate several things for us. Could we see them well, we should get some glimpses into the very marrow of the world's history. How happy, could I but, in any measure, in such times as these, make manifest to you the meanings of heroism; the divine relation (for I may well call it such), which in all times unites a great man to other men; and thus, as it were, not exhaust my subject, but so much as break ground on it! At all events, I must make the attempt.

### Vocabulary

- **on any terms whatsoever** (어떤 조건에라도) 결코 ~않다
- **grudge** v. 주기 싫어하다, 못마땅해 하다  n. 악의, 원한
- **in mere external figure differing altogether** 단지 외적인 모습에서는 모두 틀리지만
- **Could we see them well**은 if가 생략 되었으므로 주어, 조동사가 도치(= if we could see)
- **marrow** n. 골수, 정수

| Heroes, Hero-Worship and the Heroic in History |

**Translation**

여러분들은 어떠한 조건 아래에 있든, 잠시 동안 그 주변을 방황하는 것을 개의치 않을 것이다. 아득히 떨어져 있는 나라들과 시대에서 뽑아낸, 단지 겉모양으로만 모습을 달리하고 있는 이들 여섯 종류 영웅을 참된 마음으로 바라본다면 몇 가지 일들이 분명해질 것이 틀림없다. 만일 그들을 잘 살펴 볼 수가 있다면 실로 세계사의 진수를 훑어 볼 수가 있는 것이다. 만일 내가 지금과 같은 시대에, 어떻게 하든 영웅적 행위가 지니는 의미, 즉 어느 시대이든 위인을 다른 사람들과 결속시키는 거룩한 관계(라고 나는 이것을 이처럼 불러도 무방하리라 생각한다)를 여러분들에게 분명히 하고, 그렇게 함으로써 이 주제에 관한 모든 것을 완전히 설명하는 것이 아니라, 그 밑받침을 할 수 있기만이라도 한다면, 이보나 나행한 일은 없다! 이쨌든 니는 이것을 해보지 않으면 안 된다.

- **How happy, could I but (= only) ~ make manifest ~** = How happy I am, if I could but ~ make manifest ~ (요즈음 같은 때에 어떻게 해서든지) 내가 여러분에게 ~을 밝힐 수 있다면 얼마나 기쁘겠는가
- **as it were** 말하자면
- **not exhaust my subject but so much as break ground on it** 내 주제를 속속들이 규명하는게 아니라 (하지는 못하더라도), 그것에 대한 착수정도라도 한다면 (얼마나 기쁘겠는가)
- **break ground** 땅을 파다, 기공(착수)하다

## 1. Thomas Carlyle

It is well said, in every sense, that a man's religion is the chief fact with regard to him. A man's, or a nation of men's. By religion I do not mean here church-creed which he professes, the articles of faith which he will sign and, in words of otherwise, assert; not this wholly, in many cases not this at all. We see men of all kinds of professed creeds attain to almost all degrees of worth or worthlessness under each or any of them. This is not what I call religion, this profession and assertion; which is often only a profession and assertion from the outworks of the man, from the mere argumentative region of him, if even so deep as that. But the thing a man does practically believe (and this is often enough without asserting it even to himself, much less to others); the thing a man does practically lay to heart, and know for certain; concerning his vital relations to this mysterious universe, and his duty and destiny there, that is in all cases the primary thing for him, and creatively determines all the rest.

### Vocabulary

- **in every sense** 모든 의미에 있어, 모든 점으로 보아
- **A man's or a nation of men's**은 앞 문장의 **a man's**를 부연 설명한다
- **creed** n. (종교상의) 신경, 주의, 강령
- **profess** v. 표명하다, 공언(선언)하다, 신앙을 고백하다  n. **profession** 직업, 공언, 가식

| Heroes, Hero-Worship and the Heroic in History |

사람이 갖는 신앙이 그 사람을 보는 데 있어서 중요한 사실이라고 함은 모든 뜻에서 정곡을 찌른 말이다. 개인이 품고 있는 종교나 한 국민이 품고 있는 종교도 마찬가지이다. 여기서 나는 종교라는 말을 썼지만, 그것은 사람이 선서하는 교회의 교리나, 서명이나 말, 그 밖의 다른 방법에 의하여 표명하는 신조 따위를 뜻하는 것은 아니다. 반드시 이것을 뜻한다고 할 수는 없고 대개의 경우 이것은 전혀 아니다. 온갖 종류의 신조를 공공연히 품고 있는 사람이, 즉 그 모든 신조 혹은 그 어느 신조를 지닐 사람이 온갖 정도의 덕이나 부덕에 도달하고 있음을 우리가 보아 오는 터이다. 이 선서나 표명은 내가 말하는 종교가 아니다 그것은 사람의 외적으로 하는 것이며, 혹은 깊다 하더라도 그 사람이 기껏해야 논쟁적인 심정에서 하고 있는 것에 지나지 않기 때문이다. 그러나 사람이 현재 믿고 있는 것(이것은 극히 종종, 자기 자신에게까지, 더군다나 타인에 대해서 선언하는 일이 없는 것이다), 사람이 실제로 마음속에 아로새기고 확신을 지니고 있는 것이 신비적인 우주에 대한 자기의 중대한 관계, 그 속에 있어서의 의무와 숙명에 대한 그것이 어떠한 경우이든 그 사람에게 있어서는 가장 귀중한 것이며, 그것이 다른 모든 것을 창조적으로 결정한다.

---

- □ **not this wholly, in many cases not this at all** 오직 이것은 아니며, 많은 경우에서는 전혀 이것이 아니다
- □ **from the mere argumentative region in him, if even so deep as that** 그 정도나 깊다고 하면(기껏 깊다고 하면) 단지 그의 논쟁적 영역에서 나온(공언이나 주장)

### 1. Thomas Carlyle

That is his religion; or, it may be, his mere skepticism and *no religion*: the manner it is in which he feels himself to be spiritually related to the unseen world or no world; and I say, if you tell me what that is, you tell me to a very great extent what the man is, what the kind of things he will do is. Of a man or of a nation we inquire, therefore, first of all, what religion they had?

Was it heathenism,—plurality of gods, mere sensuous representation of this mystery of life, and for chief recognized element therein physical force? Was it Christianism; faith in an invisible, not as real only, but as the only reality; time, through every meanest moment of it, resting on eternity; pagan empire of force displaced by a nobler supremacy, that of holiness?

> **Vocabulary**
> - we acquire의 what religion they had?가 목적어이다.
> - **heathenism** n. 이교, 우상숭배 = paganism, 야만 = barbarism
> - **representation** n. 재현, 표시, 설명, 연출  n. represent
> - **pagan** n. 이교도, 우상, 숭배자
> - **supremacy** n. 최고(권), 주권

그것이 바로 그 사람의 종교이다. 혹은 어쩌면 그 사람의 단순한 회의주의와 무종교인지도 모른다. 그러나 그것이 그 사람이 '보이지 않는 세계' 혹은 '무의 세계'와 영적으로 연결되어 있다고 느낄 수 있는 길이다. 그러므로 그것이 어떠한 것인가를 말해 준다는 것은 그 사람이 어떠한 인물인가, 그 사람이 할 만한 일이란 어떠한 것인가를 대단히 깊이 파고들어서 말해 주는 셈이 된다. 그리하여 개인에 대해서나 국가에 대해서도 우리들은 우선 그것이 어떠한 종교를 품고 있는가라는 것을 묻는다.

그 종교는 우상 숭배이고 — 다신교이고, 그 생명의 신비를 단지 감각적으로 표현한 것이며, 그 안에서 인정되고 있는 주요한 요소는 폭력인가? 그것이 바로 기독교이며, 단지 진실한 것으로서만이 아니라 유일한 진실로서의 '보이지 않는 것'에 대한 신앙이고, '시간'은 그 가장 덧없는 순간이라 할지라도 모두 '영원'에 의존하고, 이교도의 폭력제국도 보다 고귀한 주권, 신성 제국에 의하여 대신 될 수 있는 것인가?

- □ pagan empire of force displaced by a nobler supremacy, that of holiness? 맨 앞에 was를 첨가해서 생각해야 한다. '이교도의 폭력제국은 숭고한 최고권, 신성제국에 의해 대치되었던가?'
- □ that of holiness 구문에서 that은 empire을 의미한다.

| 1. Thomas Carlyle |

  Was it skepticism, uncertainty and inquiry whether there was an unseen world, any mystery of life except a mad one;—doubt as to all this, or perhaps unbelief and flat denial? Answering of this question is giving us the soul of the history of the man or nation. The thoughts they had were the parents of the actions they did; their feelings were parents of their thought: it was the unseen and spiritual in them that determined the outward and the actual;—their religion, as I say, was the great fact about them. In these discourses, limited as we are, it will be good to direct our survey chiefly to that religious phasis of the matter.

---

**Vocabulary**

- flat denial 완전한 거부, 전적인 부정
- it was the unseen and spiritual in them that determined 구문은 determined의 주어를 강조하기 위한 구문이다. '바로 그것들 속에 있는 보이지 않고 영적인 것이 ~을 결정한다.'

| Heroes, Hero-Worship and the Heroic in History |

또는 그것은 과연 '보이지 않는 세계'가 실재하는가, 광란하는 생명의 신비가 아니라 무엇인가의 생명의 신비가 있는가 어떤가하는 회의이자 두려움, 의문이고 — 이들 일체의 것에 대한 의혹 또는 오히려 불신과 완전한 부정인가? 이 물음에 대한 해답이 그 사람 혹은 그 국가의 역사 정신을 우리들에게 가르쳐 준다. 그 품고 있는 사상이 그 행한 행위의 어버이이고, 그들의 감정이 그들의 사상의 어버이였다. 외적·실제적인 것을 결정한 것은 그들 내부의 눈에 띄지 않는 영적인 것이었다 — 내가 말하듯이 그들의 종교는 그들에 관한 중대한 사실이었던 것이다. 이 강연에서는 한정된 것이기는 하지만, 주로 문제의 종교적인 면을 알아보는 것이 좋으리라 생각한다.

---

- □ **limited as we are** 우리가 제한되었더라도 (지면상으로) = though we are limited
- □ **survey** n. 개관, 조망, 측량
- □ **phasis** n. 상, 국면 = phase   pl. phases

 칼 페데른은 이 책에서 마르크스와 그의 제자들에 의해 제기된 역사 개념에 대한 오류를 밝히고 있다. 그는 마르크스의 『정치사상 비평』의 도입부에서 15개 명제를 살펴보고 있다. 마르크스는 헤겔의 변증법과 포이에르바하의 유물론을 종합, 심화하여 이들로부터 변증법적 유물론을 완성하고 이를 인간 사회와 역사에 적용하는 유물사관으로 정립하였다.

# 2

# Karl Federn
# The Materialist Conception of History

칼 페데른
유물론적 사관

In the Introduction to the *Criticism of Political Economy*, by Karl Marx, we find the following propositions:

(1) In the course of social economic production men enter into certain relations, and certain conditions are formed by them, of necessity and independently of their will. These conditions of production correspond to a certain stage of development of the material forces of production.

(2) Conditions of production, taken as a whole, constitute the economic structure of society—this is the material basis on which a superstructure of laws and political institutions is raised and to which certain forms of political consciousness correspond.

(3) The political and intellectual life of a society is determined by the mode of production, as necessitated by the wants of material life.

| The Materialist Conception of History |

칼 마르크스 저서 [정서, 경제학 비판 1] 서문에서 우리는 다음과 같은 명제를 발견한다.
(1) 사회, 경제적 생산과정에서 인간은 일정한 관계들을 맺게 되며, 그로 인해 필연적으로 그들의 의지와 무관하게 일정한 조건들이 형성된다. 이러한 생산조건들은 물질적 생산력 발전의 일정 단계에 조응한다.
(2) 생산조건들은 전체적으로 볼 때, 사회의 경제구조를 이룬다. 이것이 물적 토대이며, 그 위에 법률과 정치적 기구라는 상부구조가 구축되며, 그것에 일정한 형태의 정치의식이 대응된다.
(3) 사회의 정치적, 지적 생활은 물질적 삶의 필요에 의해 요구되므로 생산양식에 의해 결정된다.

### Vocabulary

□ **independently of** ~와 관계없이, 독립하여
□ **taken as a whole** 전체적으로 보아서(보면)
□ **necessitate** v. 필요로 하다, 요하다
□ **by the wants of** ~이 부족하여, 빈곤하여

(4) It is not men's consciousness that determines the forms of existence, but, on the contrary, the social forms of life that determine the consciousness.

(5) Arrived at a certain stage of their development, the material forces of production come into conflict with the existing conditions of production, or—this is but a juristic form of expressing the same fact—with the system of property under which they displayed their activity.

(6) From forms of the development of the forces of production, the conditions of production now turn into fetters of these forces.

(7) Then a period of social revolution sets in.

(8) Owing to the alteration of the economic basis, the whole immense superstructure is, gradually or suddenly, subverted.

| The Materialist Conception of History |

### Translation

(4) 인간의 의식이 존재형식을 결정하는 것이 아니라 반대로 삶의 사회적 형식이 의식을 결정한다.

(5) 물질적 생산력은 그 발전의 일정 단계에 도달하면, 기존의 생산조건들과 혹은 같은 사실을 법률적인 형태로 표현하는 것이지만 ― 그것(물질적 생산력)의 활동을 통제하는 소유체계와 갈등을 일으킨다.

(6) 생산조건들은 생산력의 발전형식에 있어 이제 그 생산력의 족쇄로 변한다.

(7) 그렇게 되면 사회적 혁명의 시기가 시작된다.

(8) 경제적 토대의 변화에 의해 거대한 전체 상부구조가 서서히 혹은 갑자스럽게 전복된다.

### Vocabulary

- **come into conflict with** 싸우다, 충돌하다
- **juristic** a. 법학자적인, 법칙의, 법률상의  n. **jurist** 법학자, **jurisdiction** 사법권
- **fetter** n. 족쇄, 구속, 속박
- **set in** 일어나다, 시작하다, 굳어지다
- **subvert** v. (종교, 국가 등을) 타도하다, 멸망시키다  n. **subversion**

(9) In order to understand such a revolution, it is necessary to distinguish between the changes in the conditions of economic production which are a material fact and can be observed and determined with the precision of natural science, on one hand, and on the other, the legal, political, religious, artistic and philosophic—in short, ideological forms in which men become conscious of this conflict and fight it out.

(10) As little as an individual can be judged from the opinion he has of himself, just as little can a revolution be judged from men's consciousness of it. On the contrary, this consciousness is to be explained by the conditions of their material life, by the conflict between the social forces of production and the conditions of production.

| The Materialist Conception of History |

(9) 그러한 혁명을 이해하기 위해, 한편으로 물질적 요소이자 자연과학과 같이 정밀하게 관찰되고 결정될 수 있는 경제적 생산조건들에 있어서의 변화와, 다른 한편으로는 법적, 정치적, 종교적, 예술적, 그리고 철학적 형태, 다시 말해서 이념적 형태 — 그 안에서 인간이 이 갈등을 의식하고 퇴치하는 — 사이의 구별이 필요하다.

(10) 한 개인이 자기 자신에 대해 가지는 견해에 판단될 수 없는 것처럼, 하나의 혁명은 이에 관한 사람들의 의식에 의해 판단될 수 없다. 반대로 이 의식은 그들의 물질적 삶의 조건들에 의해, 즉 사회적 생산력과 생산조건 간의 갈등에 의해 설명되어야 한다.

### Vocabulary

- **precision** n. 정확, 정밀  a. 정밀한
- **ideological** a. 이념적인, 공론적  n. **ideology**
- **as little as an individual can be judged ~ just as little can a revolution be judged** 한 개인이 거의 ~으로 판단되지 않는 만큼, 혁명도 ~으로 판단되지 않는다

(11) No form of society can perish before all the forces of production which it is large enough to contain, are developed, and at no time will outworn conditions be replaced by new higher conditions as long as the material necessities for their existence have not been hatched in the womb of the old society itself.

(12) Mankind never sets itself a problem that it cannot solve. On close examination it will always be found that no social problem ever arises unless the material conditions which make its solution possible, are either already in existence or at least developing.

(13) In bold outline, one may distinguish between Asiatic, Autique, Feudal and Modern Capitalist forms of production, as being the progressive economic forms of society.

### Vocabulary

- **at no time** 결코 (한번도) ~않다
- **outworn** a. 낡아버린, 진부한, **outwear** (입어서 헐게 하다)의 과거분사형
- **hatch** v. (앞에서) 까다, 부화하다, 계획하다
- **womb** n. 자궁, 태내, 모체

| The Materialist Conception of History |

(11) 어떠한 사회 형태도 그것이 수용하기에 알맞은 모든 생산력이 발달될 때까지는 사멸하지 않으며, 낡은 조건들은, 보다 고양된 새로운 조건에 의해 그것들의 존재에 대한 물질적 필요성이 그 모체인 구(舊)사회 자체에서 부화되지 않는 한 대치되지 않을 것이다.

(12) 인간은 자신에게 결코 해결할 수 없는 문제를 부과하지 않는다. 자세히 살펴보면, 어떤 사회적 문제도 그 해결을 가능케 하는 물질적 조건이 이미 존재하거나 적어도 형성되지 않는 한 야기되지 않음을 항상 발견할 것이다.

(13) 사회의 발전적 경제형태로서 우리는 아시아적, 고대적, 봉건적, 그리고 현대의 자본주의적 생산형태를 뚜렷하게 구별할 수 있을 것이다.

- **sets itself a problem** 자신에게 문제를 부과하다
- **on (close) examination** (자세히) 검사한 후에, 조사해 본즉
- **in bold outline** 굵은 선으로, 뚜렷이
- **feudal** a. 영지(봉토)의, 봉건(제도)의  n. **feudalism**

(14) The present Capitalist conditions of production are the last antagonistic form of society; though not in the sense of individual antagonism: the antagonism arises from the social conditions of individuals. The productive forces, however, that are developing under the present system, are at the same time creating the material conditions which will make the solution of this antagonism possible.

(15) This social system represents therefore the closing period of the prehistoric era of human society.

We may look upon these propositions, which have become famous, as the basis of Historical Materialism. They were written in London in the year 1859. Marx says, however, that as early as 1841, when writing a criticism of Hegel's *Philosophy of the Law*, he had become aware of the truth that "constitutions and laws, and the whole organization of society, cannot be explained by the so-called development of human intellect, but are rooted in the forms of material life."

| The Materialist Conception of History |

(14) 현대 자본주의의 생산조건은 최후의 적대적 사회형태이다. 비록 개인적인 적대감의 의미에서는 아니지만 말이다. 적대감은 개인들의 사회적 조건에서 야기된다. 어쨌든 현재의 체제하에서 발전해 가는 생산력은 동시에 이 적대감의 해결을 가능케 하는 물질적 조건을 창조해 간다.

(15) 따라서 이 사회체제는 인간사회의 전사(前史) 시대를 마감하는 시기로 나타난다.

사적 유물사관의 토대로서 유명해진 이 명제들을 살펴보도록 하자. 그것들은 1859년 런던에서 쓰였다. 그러나 일찍이 1841년, 헤겔의 [법 철학]에 대한 비평을 쓰면서, 그는 '헌법과 법률, 그리고 사회의 전체조직은 소위 인간의 지적발달에 의해 설명되는 것이 아니라, 물질적 생활 형태에 뿌리박고 있다는 진리를 인식하게 되었'고 주장한다.

## Vocabulary

- **antagonistic** a. 반대의, 적대적인  n. **antagonism** 반대, 적대, 반항심
- **prehistoric** a. 전사(前史)의, 유사이전의, 구식의(여기서는 자본주의 사회까지를 포괄하는 계급사회의 역사를 뜻하는 마르크스주의의 용어)
- **era** n. 연대, 시대, 기원

## 2. Karl Federn

Eighteen years had to pass before he set about fully developing his ideas. The propositions are couched in the somewhat heavy and obscure philosophical language of the time, though their meaning is quite discernible. They are followed by a number of short sentences jotted down incoherently, headings, etc.; the whole a kind of draft of what was destined to complete and to illustrate Marx's thought. The introduction to the *Criticism of Political Economy* remained unfinished, a fragment. Marx never found the necessary time to write a complete work in which to expound his Theory of History; he only sowed the seed from which a new philosophy of history was to germinate.

### Vocabulary

- **Eighteen years had to pass before** ~ 18년이 걸려서야 ~했다
- **set about** ~하기 시작하다, ~하려 하다, (소문을) 퍼뜨리다
- **discernible** a. 보고 알 수 있는, 식별할 수 있는  n. **discernment**
- **jot** n. 조금, 적음  vt. 간단히 몇 자 적어두다**(down)**
- **incoherently** a. 조리가 서지 않는, 모순된, 흐트러진

| The Materialist Conception of History |

**Translation**

그의 사상이 완전히 발전하는 데에는 무려 18년이 걸려야 했다. 이 명제들은 비록 그 의미를 이해할 수 있긴 하지만, 당시의 좀 무겁고 불투명한 철학적 언어로 표현되었다. 그것들 뒤에는 일관성 없이 내뱉어진 수많은 짧은 문장과 표제 등이 이어진다. 이는 전체적으로 마르크스의 사상을 완성시키고 설명해 줄 일종의 초안이다. [정치·경제학 비판]의 서문은 미완성작으로 남아 있다. 마르크스는 그의 역사 이론을 한 권의 책으로 완성시킬 만한 시간을 충분히 가지지 못했다. 그는 단지 새로운 역사철학이 돋아날 씨를 뿌렸을 뿐이다.

---

- **heading** n. 표제, 순자르기
- **draft** n. 초고, 도안, 초안그림, 징병
- **be destined to** ~하기로 예정되다
- **expound** v. 상세히 설명하다, 해석하다 = interpret
- **germinate** v. 싹이 트다(트게 하다), 자라나기 시작하다   n. germination

In his other writings, as, for instance, in *Hired Labour and Capital* and in *Capital* itself, we find some similar utterances; in his historical writings like *The 18th Brumaire* and *Class Struggle in France* we may see illustrations of his opinions on history, but nothing important is added to the theory. Only in a posthumous work by Marx and Engels, *German Ideology*, which was not published until 1933, do we find, though interspersed with diffuse polemics against several philosophic writers of the period, some interesting pages on the subject.

In the propositions 5~10, Marx, after adding a short comment, proceeds to explain the great social revolutions: changes in the economic structure of society lead to changes in the political superstructure and in the forms of consciousness.

---

**Vocabulary**

- utterance n. 발성, 발언, 말씨, 유포  v. utter
- posthumous a. 사후의, 저자의 사후에 출판된
- intersperse v. 흩뿌리다, 발산하다, 퍼뜨리다

| The Materialist Conception of History |

예를 들어 [고용 노동과 자본] 그리고 [자본론]과 같은 그의 다른 저서에서 우리는 비슷한 언급을 얼마간 찾을 수 있다. [부르메르의 피의 18일]과 [프랑스의 계급투쟁]과 같은 그의 역사저서에서 우리는 역사에 대한 그의 견해의 실례를 볼 수 있으나, 중요한 것은 그 이론에 첨가되지 않았다. 1933년에서야 출판된 마르크스와 엥겔스의 유저인 [도이치 이데올로기]는 비록 당시의 몇몇 철학저술가의 입장을 거부하는 여러 논점으로 산만할 지라도, 거기에서 우리는 그 주제에 대한 흥미 있는 몇 페이지를 찾을 수 있다.

5에서 10까지의 명제에서 마르크스는 짧은 논평을 덧붙인 후에 계속해서 사회의 대혁명을 설명한다. 사회의 경제구조상의 변화는 정치적 상부구조, 그리고 의식형태상의 변화로 이어진다.

□ polemic a. 논쟁의, 논쟁을 좋아하는  n. 논쟁
□ comment n. 1 주해 2 단평(短評), 평론  v. 주석하다; 논평하다
□ proceed v. 1 나아가다 2 ~에서 나오다, 발하다 3 다시 계속하여 ~하다; ~을 시작하다

Yet, as preliminary to all this, Marx informs us in the first proposition of two facts, namely, that the conditions of production which form the economic structure of society, are "necessary and independent of human will", and that they correspond to a certain development of the productive forces.

One might object to the wording of the proposition that the term "necessary" is meaningless, and "independent of human will" ambiguous. To a determinist all events are effects of causes and, as such, necessary. The words "independent of human will" either mean the same thing as "necessary", or Marx—though this can hardly be assumed—used the words in their everyday sense, without any reference to the question of free will or necessity, in order to distinguish between men's voluntary acts and those facts which are independent of their will like the soil, the climate, the racial qualities.

| The Materialist Conception of History |

## Translation

그런데 이 모든 것의 예비조건으로서, 마르크스는 첫 번째 명제에서 두 가지 사실을 우리에게 알려준다. 즉 사회의 경제구조를 형성하는 생산조건들은 필연적이며, 인간의 의지와 무관하다는 것과 그것들은 생산력의 일정한 발전에 대응한다는 것이다.

우리는 '필연적'이란 용어는 무의미하며, '인간의지와 무관하다'는 말은 모호하다는 이유를 들어 그 명제의 내용에 반대할 수도 있다. 결정론자에게 있어서 모든 사건은 원인의 결과이며 따라서 필연적이다. "인간의지와 무관하다"는 말은 "필연적"과 같은 뜻이거나, 또는 마르크스는 — 거의 가능성이 없긴 하지만 — 인간의 자발적 행동과 토지, 기후, 민족성과 같이 그들의 의지와는 무관한 사실들을 구별하기 위해 이 말을 자유의지나 필연성의 문제에 구애받지 않고 일상적인 의미로 사용했을 것이다.

### Vocabulary

□ **object to (against) A that B**: A에 대한 반대이유로 B를 내세우다
□ **wording** n. 말씨, 어법, 용어
□ **as such** 그것(그것 같은 것)으로서, 여기서는 '원인의 결과로서', '원인의 결과임에 따라'의 뜻이다
□ **without any reference to** ~에 관계없이, ~을 상관치 않고.

야코프 부르크하르트(1818~1897)는 스위스 바젤 출신의 역사학자로 대학을 마친 후 신학을 공부하다가 곧 역사연구로 전향하여 1839년부터 베를린 대학에서 뵈크, 랑케, 드로이젠 등에게서 역사이념과 역사 방법론을 배웠다. 그의 역사연구의 경향은 랑케의 영향을 받아 종래의 정치사적 경향을 무시하고 예술사와 정신사에 관한 연구에 몰두하여 현실문제보다는 보편적인 감정으로 과거를 관조한다는 데 그 특징이 있다.

# 3

Jacob Bruckhardt
Reflections on History

야코프 부르크하르트
역사에 관한 성찰

## 3. Jacob Bruckhardt

Our work in this course will consist in linking up a number of historical observations and inquiries to a series of half-random trains of thought.
After a general introduction defining what we shall take as falling within the scope of our inquiry, we shall speak of the three great powers, state, religion, and culture, dealing first with their continuous and gradual interaction, and in particular with the influence of the one variable, culture, on the two constants. We shall then discuss the accelerated movements of the whole process of history, the theory of crises and revolutions, as also of the occasional abrupt absorption of all other movements, the general ferment of all the rest of life, the ruptures and reactions—in short, everything that might be called the theory of storms.

### Vocabulary

- **random** a. 닥치는 대로의, 임의의, 무작위의
- **train** n. 열차, 행렬, 차례, 순서, 정돈
- **one variable**과 **culture**는 동격

| Reflections on History |

우리가 여기에 내세운 과제는 일련의 역사적 관찰들과 연구들을 거의 두서도 없는 사색과정으로나마 연결시켜보고자 하는 것이다.

우리는 우리들의 고찰 범위 내에 속하는 것들에 대한 우리의 정의를 하나의 일반 입문적인 서술로 제시한 다음에, 세 가지의 커다란 제세력들인 국가, 종교, 문화에 관해 이야기하게 될 것이다. 우선은 이들의 지속적이고 점차적인 상호작용을, 특히 동적인 문화가 정적인 두 개의 요소들에게 주는 영향을 취급할 것이다. 이어 우리는 세계사의 전체과정에 있어서 가속화된 운동들, 모든 다른 운동들의 폭발적이고·돌발적인 합병작용과 같은 위기들과 혁명들에 관한 학설, 그 밖의 모든 생에 있어서 함께 작용하는 것들, 격동의 흐름들이라고 지칭될 수도 있는 단절들과 반동들에 관한 모든 학설을 고찰할 것이다.

- **abrupt** a. 돌연한, 뜻밖의, 비약적인, 퉁명스러운
- **ferment** n. 효소, 발효, 동요 = commotion 흥분
- **rupture** n. 파열, 파괴, 불화, (의학) 탈장  vt. 터뜨리다

## 3. Jacob Bruckhardt

We shall then pass no to the condensations of the historical process, the concentration of movements in those great individuals, their prime movers and chief expression, in whom the old and the new meet for a moment and take on personal form. Finally, in a section on fortune and misfortune in world history, we shall seek to safeguard our impartiality against the invasion of history by desire.

It is not our purpose to give directions for the study of history in the scholar's sense, but merely hints for the study of the historical aspect of the various domains of the intellectual world.

We shall, further, make no attempt at system, nor lay any claim to 'historical principles.' On the contrary, we shall confine ourselves to observation, taking transverse sections of history in as many directions as possible. Above all, we have nothing to do with the philosophy of history.

### Vocabulary

- **condensation** n. 압축, 응축, 액화, (사상, 문장의) 요약
- **safeguard** n. 보호, 안전장치, 보장 조항  vt. 보호하다, 포위하다
- **impartiality** n. 공평함

| Reflections on History |

그 다음에 우리는 세계사적인 것의 집약, 기존하는 것과 새로운 것이 다 함께 그 원동력으로서 또는 그 중요한 표현으로서 순간적이면서도 개인적으로 되어버리는 여러 운동들이 위인들에게 집중된 것을 고찰할 것이다. 끝으로 세계사에 있어서의 행복과 불행에 관한 장에서는, 소망하는 바를 역사 속으로 옮겨가는 행위에 반대하면서 우리들의 객관성을 유지하고자 노력할 것이다.

우리는 학문적인 의미에 있어서의 역사학적 연구를 위한 방향을 제시하려는 것이 아니라 학문세계의 여러 가지 영역들이 지닌 역사적인 국면에 대한 연구를 위해 단지 암시만을 제시하고자 할 뿐이다.

뿐만 아니라 우리는 모든 체계적인 것을 포기한다. 우리는 '역사적 법칙들'을 세우려하지도 않는다. 인지하는 것만으로 만족하며 역사를 통해서 단면들을, 그것도 가능한 한 여러 가지 방향들에서 그 횡단면들을 제공하고자 한다. 우리는 역사철학이라는 것과 무관하다.

---

☐ **lay claim to** ~을 주장하다, ~을 자칭하다
☐ **confine oneself to** ~에 틀어박히다, 국한하다
☐ **transverse** n. 가로지르는 것, 횡단도로, 가로축　a. 가로의, 횡단하는　*cf.* ~ **section** 횡단면

## 3. Jacob Bruckhardt

The philosophy of history is a centaur, a contradiction in terms, for history coordinates, and hence is unphilosophical, while philosophy subordinates, and hence is unhistorical.

To deal first with philosophy: if it grapples direct with the great riddle of life, it stands high above history, which at best pursues that goal imperfectly and indirectly.

But then it must be a genuine philosophy, that is, a philosophy without bias, working by its own methods.

For the religious solution of the riddle belongs to a special domain and to a special inner faculty of man.

As regards the characteristics of the philosophy of history current hitherto, it followed *in the wake of history*, taking longitudinal sections. It proceeded chronologically. In this way it sought to elicit a general scheme of world development, generally in a highly optimistic sense.

> Vocabulary
> 
> □ **centaur** n. (그리스 신화의) 켄타우르스(반인 반마의 괴물), 명기수
> □ **contradiction** n. 부인, 부정, 반박, 모순, 당착
> □ **coordinate** vt., vi. 대등하게 하다(되다), 통합하다
> □ **subordinate** vt. 하위에 두다, 종속시키다
> □ **grapple** vt. 붙잡다, 파악하다

| Reflections on History |

역사철학이란 하나의 괴물이며 형용의 모순이다. 왜냐하면 역사란 통합적이므로 비철학이고, 철학은 (다른 것을)종속시키므로 비역사적이기 때문이다.

우선 철학 그 자체만을 논급해 본다면, 만일 철학이 실제로 거대한 일반적인 생의 수수께끼와 직접적으로 대결한다면, 철학은 기껏해야 이러한 목적을 불완전하고도 간접적으로만 추구하는 역사 위에 높이 군림한다.

그렇지만 철학은 진정한 철학, 즉 그 자체의 독자적인 방법으로 편견을 가지지 않는 철학이어야만 한다. 왜냐하면 수수께끼를 종교적으로 해결한다는 것은 하나의 특수한 영역에 속하는 일이며, 인간의 한 특수한 내면적 능력에 속하기 때문이다.

지금까지의 역사철학의 특성에 관해서 말해 본다면, 그것은 역사의 '뒤를 쫓아 왔으며' 그 종단면들을 제시했었으니, 즉 그것은 연대기적인 방법을 취했었다. 그것은 이러한 방법으로 세계전개의 한 일반적인 법칙에 도달하고자 했으며, 대개는 대단히 낙관적인 의미를 추구했다.

---

□ **bias** n. 사선, 선입관, 편견(for, towards, against)
□ **faculty** n. 능력, 기능, 교수단, (대학의) 학부
□ **hitherto** ad. 지금까지(는), 지금까지 보아서는
□ **longitudinal** a. 경도의, 경선의, 세로의
□ **elicit** vt. (사실 따위를) 이끌어 내다, 꾀어내다  n. **elicitation**

## 3. Jacob Bruckhardt

Hegel, in the introduction to his *Philosophy of History*, tells us that the only idea which is 'given' in philosophy is the simple idea of reason, the idea that the world is rationally ordered: hence the history of the world is a rational process, and the conclusion yielded by world history *must* [*sic*] be that it was the rational, inevitable march of the world spirit—all of which, far from being 'given', should first have been proved. He speaks also of the 'purpose of eternal wisdom', and calls his study a theodicy by virtue of its recognition of the affirmative in which the negative (in popular parlance, evil) vanishes, subjected and overcome. He develops the fundamental idea that history is the record of the process by which mind becomes aware of its own significance; according to him, there is progress toward freedom. In the East, only one man was free, in classical antiquity, only a few, while modern times have set all men free. We even find him cautiously putting forward the doctrine of perfectibility, that is, our old familiar friend called progress.

### Vocabulary

- **theodicy** n. 악의 존재를 신의 섭리라고 하는 주장, 신정설(新正設)
- **by virtue of** ~에 의해, ~의 덕택으로
- **affirmative** a. 확연적인, 긍정적인, 긍정의 opp. **negative**
- **parlance** n. 말투, 어법, 어조

| Reflections on History |

헤겔은 바로 그의 [역사철학]의 서문에서 말하기를, 철학에 부여된 유일한 이데아란 이성이라는 단순한 이데아, 즉 이성이 세계를 지배하고 그러므로 세계사는 이성적으로 전개되는 과정이며, 세계사의 성과는 세계정신의 이성적이고 필연적인 진행이라는 것으로 되어야 한다고 했다. 그러나 모든 것은 결코 '부여된' 것이 아니므로 먼저 증명이 되었어야만 했었다. 그는 "영원한 지혜의 목적"에 관해서 말했으며, 자신의 고찰을 하나의 신정론으로서 간주했으니, 이 긍정적인 것 속에서는 부정적인 것(흔히 말하자면, 악)이 종속되고 극복되어 사라져 버리게 된다. 그는 "세계사는 정신이 어떻게 자기의식에 도달하는가를 서술한 것이다"라는 사상을 전개시켰는데, 그에 따르면 자유를 향한 진보라는 것이 있다. 동양에서는 한 사람만이 자유스러웠고, 고대 민족들에게서는 몇 사람만이 자유로웠으며, 그 다음의 시기가 모든 사람을 자유스럽게 만들었다는 것이다. 완전성, 즉 조심스럽게 도입된 저 유명한 소위 진보에 관한 학설이 그에게서 발견된다.

---

- □ **overcome** 여기서는 과거분사로서 '정복된' 의 뜻
- □ **antiquity** n. 낡음, 고대, (pl.) 고대의 풍습
- □ **perfectibility** n. 완전, 가능성, 완전히 할 수 있음

### 3. Jacob Bruckhardt

We are not, however, privy to the purposes of eternal wisdom: they are beyond our ken. This bold assumption of a world plan leads to fallacies because it starts out from false premises.

⁵ The danger which lies in wait for all chronologically arranged philosophies of history is that they must, at best, degenerate into histories of civilizations (in which improper sense the term philosophy of history may be allowed to stand); otherwise, though claiming to pursue a world plan, ¹⁰ they are colored by preconceived ideas which the philosophers have imbibed since their infancy.

There is, however, one error which we must not impute to the philosophers alone, namely, that our time is the consummation of all time, or very nearly so, that the whole ¹⁵ past may be regarded as fulfilled in us, while it, with us, existed for its own sake, for us, and for the future.

### Vocabulary

- **privy to** ~에 관해서 내밀히 알고 있는, ~에 내밀히 관여하여
- **ken** n. 시야, 이해, 지식, 지식의 범위
- **degenerate** vi. 나빠지다, 타락하다(to), 퇴보하다(form)
- **preconceive** vt. ~ 선입관을 갖다, 예상하다  *cf.* **a~d idea** 선입관, 편견

| Reflections on History |

**Translation**

우리는 그러나 영원한 지혜의 목적에 관해 잘 알고 있지 않다. 그것들은 우리의 시야 바깥에 있다. 또한 그와 같이 세계적인 계획을 대담하게 가정하는 것은 오류로 나아간다. 왜냐하면 그러한 가정은 잘못된 전제들로부터 출발하기 때문이다.

연대기적으로 배열된 역사철학들에 도사리고 있는 위험은 그것이 잘해봐야 문명이 역사 정도로 퇴보해 버리지 않을 수 없다는 점이다. (이러한 부당한 의미 속에서나 사람들은 역사철학이라는 표현을 가치 있는 것으로 만들 수 있다) 만일 그렇지 않다면, 세계적 계획을 추구한다는 명목 하에 철학자들이 유년기 이래로 흡수했었던 이념들로 채색되어 있기 일쑤이다.

물론 우리가 철학자들의 오류라고만 탓할 수는 없는 것들이 있다. 말하자면 우리들의 시대는 모두 시대들의 정점이거나 또는 그것에 거의 가까운 것이라고 하며, 그리고 존재했던 모든 것은, 우리 시대에 와서 완성된 것으로서 간주될 수 있고 우리들 시대는 그 자체로서, 우리와 미래를 위해 존재한다고 하는 생각이 그것이다.

---

- **imbibe** vt. 마시다, 흡수하다  vi. (사상 따위를) 받아들이다, 동화하다
- **impute** vt. (죄 따위를) 씌우다, 전가하다, ~의 탓으로 돌리다 = **ascribe(to)**
- **consummation** n. 완성, 극점, 극치, 죽음, 종말
- **while it ~** 여기서 **it**는 **the whole past**

## 3. Jacob Bruckhardt

History from the religious standpoint has its special rights. Its great model is St. Augustine's *City of God*. There are also other world forces which may interpret and exploit history for their own ends; socialism, for instance, with its history of the masses. We, however, shall start out from the one point accessible to us, the one eternal center of all things—man, suffering, striving, doing, as he is and was and ever shall be. Hence our study will, in a certain sense, be pathological in kind.

The philosophers of history regard the past as a contrast to and preliminary stage of our own time as the full development. We shall study the *recurrent*, *constant*, and *typical* as echoing in us and intelligible through us.

The philosophers, encumbered with speculations on origins, ought by rights to speak of the future. We can dispense with theories of origins, and no one can expect from us a theory of the end.

---

**Vocabulary**

- **standpoint** n. 입장, 견지, 관점
- **exploit** n. 공, 공훈, 공적  vt. 개발하다, 이용하다
- **pathological** a. 병리학의, 병리상의, 병적인  n. **pathology** 병리학
- **recurrent** a. 재발하는, 순환하는

종교적으로 역사를 조망하는 일은 그 자체의 특수한 권리를 갖고 있다. 그 위대한 모델은 아우구스티누스의 작품인 [신국론]이다.

또 다른 세계의 제 세력들도 역사를 자신들의 목적에 따라 해석하고 이용한다. 예를 들면, 사회주의자들이 역사를 대중의 역사로 해석하는 것이 바로 그러한 것이다. 우리들의 출발점은, 우리들에게 가능한 한 지점, 모든 사물들의 한 중심적인, 과거에도 현재에도 미래에도 그러할 것인 고통 받고 노력하며 행동하는 인간이다. 그러므로 우리들의 고찰은 어떤 의미에서는 병리학적인 고찰이 될 것이다.

역사 철학가들은 과거의 것을 우리들에게 대립되는 것으로, 또 충분히 발달한 우리 시대 이전의 단계로 간주한다. 우리는 '반복되는 것', '항시적인 것', '유형적인 것'을 우리들에게서 공명되고 있는 것, 이해될 수 있는 것으로서 간주한다.

역사 철학가들은 기원에 관한 사색에 빠져있고 그러므로 당연히 미래에 관해서 이야기해야만 한다. 우리는 기원들에 관한 저 학설들을 제외시킬 수 있으며, 어떤 누구도 우리들에게 종말에 관한 학설을 요구할 수는 없다.

---

- □ **encumber** v. 방해하다, (의무, 빚 따위를) 지우다, 막다(with)
  *cf.* **be ~ed with cares** 걱정거리로 번민하게 되다
- □ **speculation** n. 사색, 결론, 추측, 이론
- □ **dispense with** ~없이 때우다, ~을 면제하다

## 3. Jacob Bruckhardt

All the same, we are deeply indebted to the centaur, and it is a pleasure to come across him now and then on the fringe of the forest of historical study. Whatever his principles may have been, he has hewn some vast vistas through the forest and lent spice to history. We have only to think of Herder.

For that matter, every method is open to criticism, and none is universally valid. Every individual approaches this huge theme of contemplation in his own way, which may be his spiritual way through life: he may then shape his method as that way leads him.

## Translation

항상 사람들은 상당한 감사를 괴물에게 해야 하는 빚을 지고 있으며 이 괴물을 역사연구들의 가장자리까지 기꺼이 모신다. 그의 원리가 어떠한 것이었던 간에 그는 몇몇 강력한 조망을 숲을 통해 투시했으며 역사에다가 양념을 제공했다. 이에 대해서는 우리는 헤르더를 생각해 보면 되겠다.

그러므로 모든 방법들이란 비판될 여지가 있으며, 보편적으로 유효한 것이라곤 없다. 모든 개체는 '그 자신의' 태도를 통해 이 거대한 문제에 접근하며, 이 태도란 바로 그 자신의 정신적인 인생 행로인 것이며, 이 태도에 따라서 그는 자신의 방법을 형성할 것이다.

## Vocabulary

- **come across** 가로질러 오다, 우연히 발견하다
- **now and then** 때때로
- **fringe** n. 가장자리, (학문의) 초보적인 지식
- **vista** n. 길게 내다보이는 경치, 전망, 추억
- **valid** a. 확실한 근거가 있는, 타당한, 유효한

프리드리히 마이네케(1862~1954)는 독일의 역사학자로 비스마르크 제국의 발전, 빌헬름 제국의 전쟁과 몰락, 바이마르 공화국의 실패, 나치의 제3제국과 제2차 세계대전 등을 체험했던 독일 현대사의 산증인이라 할 수 있다. 특히 그는 자신의 역사적 체험과 철학적 사상을 결합해 이념사와 정신사를 높은 차원으로 구성시킨 현실적인 학자였다.

4

Friedrich Meinecke
The German Catastrophe

프리드리히 마이네케
독일의 파국

## 4. Friedrich Meinecke

2-4.MP3

Everything, yes everything, depends upon an intensified development of our inner existence. We named the culture of the German spirit as the second of the two areas in which this must proceed. The work of Bismarck's era has been destroyed through our own fault, and we must go back beyond its ruins to seek out the ways of Goethe's era. The heights of the Goethe period and of the highly gifted generation living in it were reached by many individual men, bound together merely in small circles by ties of friendship. They strove for and to a large degree realized the ideal of a personal and wholly individual culture. This culture was thought of as having at the same time a universal human meaning and content.

| The German Catastrophe |

## Translation

오늘날 모든 것은 우리 내면의 존재성을 강력히 발전시키는 데에 달려 있다. 우리들은 이 내면화가 출발해야 할 두 영역 중 두 번째 것으로서 독일의 정신문화를 들었다. 우리는 비스마르크의 업적을 우리 자신과 과오로 인하여 무너뜨렸으니, 거기서 그 폐허를 넘어 괴테 시대에 이르는 길을 되찾아야 한다. 괴테 시대의, 혹은 괴테 시대에 생존한 뛰어난 사람들의 높은 봉우리는 오직 서로의 우정을 통해 소집단으로만 결합된 많은 개개인이 인격적이고 지극히 개성적인, 그러나 또 한편으로는 보편 인간적인 의미와 내용을 지녀야 했던 교양의 이상을 얻고자 노력하고, 또한 그것을 고도로 실현함으로써 올라갈 수 있었다.

## Vocabulary

- generation(who were) living in it (= the Goethe period)
- bound a. 묶인, 속박된
- strive (for) vi. 얻으려고 애쓰다, 항쟁(분투)하다(with), 노력하다(after)
- to a large degree 몹시, 대단히, 상당히

The religious revival that we desire is in its deepest foundation an affair of the individual human soul thirsting for a healthy recovery. It seeks strongly the formation of communities, because most people get a feeling of security and safety only by being linked together in a local religious community as part of a wider church organization. This means a great measure of organization and cooperation.

But all organizations always tread upon the rank and file and sacrifice or curtail part of the individuals own inclination. But does organization alone promote spiritual culture? Does not spiritual culture demand a sphere for individual inclination, for solitude, and for the deepening of one's self?

## Translation

그에 반하여 우리가 원하고 있는 종교적인 재생은 가장 깊은 근처에 있어서는 구제를 필요로 하는 개개인의 영혼의 문제이기는 하나, 처음부터 지극히 강력하게 공동체의 형성을 갈구했으며, 이는 좀 더 넓은 교회 조직체의 한 부분으로서의 각 지방에 있는 종교 단체에 기입해야만이 비로소 보호와 안전의 감정을 얻을 수 있었기 때문이다. 이것은 곧 조직에 의한 강력한 영향력이 있어야 한다는 것을 의미한다. 조직이란, 그러나 또한 언제나 대열을 짓고 행진하는 것이며, 자의와 같은 부분은 포기하거나 그것을 제거하는 것이다. 그럼에도 우리들은 그런 조직만을 통해 정신문화를 꽃피울 수 있을 것인가? 정신문화는 바로 자의, 고독 및 자기심화의 영역을 요구하지 않는 것일까?

## Vocabulary

- **thirst (for)** vt. 갈망하다**(after)** a. **thirsty(for)**
- **tread (upon)** vt. 짓밟다, 걷다
- **file** vt. 종대로 나아가게 하다, 줄지어 나가다
- **curtail** vt. 짧게 줄이다, 생략하다, 박탈하다**(of)**
- **inclination** n. 기호, 의향, 좋아함  v. **incline**

### 4. Friedrich Meinecke

Doubts about the certain value of organization begin in connection with the upper schools and the examination system in Germany, where so much that is external comes into play and what is inward may be injured. In Goethe's day the external things retreated very much into the background, so the inward things could develop more freely. We cannot imitate that; we stand too much under the pressure of every thing that the external has meanwhile created and organized around us. In order to keep our striving for inner development free from the pressure of these organizations, we must ourselves, paradoxically enough, occasionally turn to organizing. To what a high degree today, for instance, is the arrangement of concerts organized. The daily life of the artist is swept into a whirlpool of modern activity, whereas in the palace and house music of Goethe's day there was much more freedom, unconstraint, and truly individual spontaneity.

> **Vocabulary**
> 
> □ **come into play** 움직이기 시작하다, 활동하기 시작하다
> □ **stand**의 목적절은 **that the external has** 이하의 절이다
> □ **We must** 다음 동사는 **turn to**에 연결된다. **paradoxically enough**와 **occasionally**는 부사로서 동사를 수식하고 있다.
> □ **to what a high degree** 얼마나 굉장하게, 대단히

| The German Catastrophe |

조직의 절대적인 가치에 관한 의혹은, 이미 고등교육에 있어서 또한 시험제도에 있어서 분명히 나타나 있다. 왜냐하면, 거기에는 극히 외면적인 것이 행세하는 한편 내면적인 것은 손상될 우려가 있기 때문이다. 괴테 시대에는 외면적인 것은 대단히 후퇴하여 단지 배경적인 역할을 했을 뿐이고, 대신에 내면적인 것이 더욱 자유로이 발전될 수 있었다. 우리들은 괴테시대의 이러한 점을 모방할 수는 없다. 우리들은 그 동안 외부 세계가 우리 주위에 이룩해 놓고 또한 조직화한 것에 지나치게 억압당하고 있다. 그러나 그러한 조직의 억압으로부터 벗어나서 우리들의 내면적인 형성욕을 확보하기 위해서는 때때로 패러독스하게도 이 조직화하려고 하는 수단에 호소하지 않을 수 없는 것이다. 예를 들면, 오늘날 음악회라는 것이 얼마나 고도로 조직화되고 그로 인하여 예술가들의 일상생활이 얼마나 광범위하게 근대적인 활동성의 와중에 던져져 있는가. 그러나 괴테 시대의 궁정음악이나 가정음악에 있어서는 그것은 훨씬 자유롭고 여유 있는, 그리고 참으로 자연적인 것이었다.

□ the arrangement of concerts가 주어이고 동사는 is organized로서 도치된 것이다
□ Whereas conj. ~임에 반하여 (= while on the other hand)
□ unconstraint n. 불구속, 자유  opp. constraint
□ spontaneity n. 자발성, 무의식, 자연스러움  a. spontaneous

## 4. Friedrich Meinecke

Therefore our spiritual culture, especially our art, poetry, and science, must be assigned a high place in the external apparatus of our civilization. Today in Germany this apparatus lies in ruins. It is impossible to restore it as it was. Perhaps a restoration in every respect is not necessary. It would be much better if the German spirit could grow up again so free, so personal, so spontaneous and unconstrained as formerly, and need no hot-house forcing. Nevertheless, today some organizational assistance is needed in order to afford the first nourishment to those hungering and thirsting after beauty and the spirit.

To know that many places in Germany are already stirring with efforts of this kind is one of the very few experiences of our time which can give us immediate comfort. One hears of culture leagues and culture communities in the cities.

| The German Catastrophe |

## Translation

그러므로 우리의 정신문화 특히 예술, 문학 및 학문은 당연히 지극히 외면적인 오늘날의 문명이란 기구 속에서 상위를 차지했던 것이다. 오늘날 독일에서 그러한 도구는 분쇄되고 있다. 그것을 다시 지난날처럼 회복한다는 것은 불가능하다. 아마 또 어쩌면 그럴 필요도 없을지 모른다. 독일의 정신이 다시 한 번 이전과 같이 자유롭고, 인격적으로, 자발적으로, 그리고 자주적으로 성장할 수 있게 되어 온실의 지붕을 하등 필요로 하지 않게 된다면 물론 그편이 더 한층 훌륭할 것이다. 그러나 오늘날, 정신과 미를 갈망하고 있는 사람들에게 최초의 양분을 제공할 수 있게 되기에는 필경 어느 정도의 조직적인 후원이 필요하다.

그런데 독일의 여러 지방에서 그와 같은 노력이 일어나고 있다는 사실은, 직접 우리의 마음을 위로해 주는, 우리 생애에 있어 극히 드문 체험에 속한다. 우리들은 많은 도시에서 문화연맹 혹은 문화단체가 창설되었다는 소식에 접하고 있으며,

## Vocabulary

- **assign** vt. 할당하다, 지정하다(to)
- **apparatus** n. 기구, 장치, 기관, 도구
- **hot-house** n. 온실, **hot-house forcing** 강제로 하는 것(때가 이르기도 전에 인위적으로 이루려는 것)

## 4. Friedrich Meinecke

One hears of theatrical productions in which the treasures of German drama are again rising into the light. Young men and old crowd to concerts in which the great old German music is played. But here and there the immediate purpose of these cultural activities is proclaimed to be the denazifying of the German spirit. Let us not speak too much of this purpose. Let us not take too ponderously as an objective what we most urgently desire. Just as there ought not to be too much organization in this field, the purposeful aspect and matters which border on the political sphere must be handled with tact and moderation. Spiritual life and the striving for spiritual values are their own justification and work most deeply where their movements can be most free from political tendencies. Indeed they work most deeply and beneficially by themselves when they go their own ways spontaneously and unregulated.

### Vocabulary

- **proclaim** vt. 분명히 나타내다, 선언하다   n. **proclamation**
- **denazify** vt. 비(非)나치화하다
- **ponderously** ad. 대단히, 무겁게, 지나치게, 숙고해서   v. **ponder** 숙고하다, 깊이 생각하다

여러 가지의 극장상연을 통하여 독일 극장의 잊혔던 재보가 다시 햇빛을 보고 있다는 사실을 듣는다. 그리고 위대한 독일 음악이 연주되는 음악회에는 노소를 막론하고 밀어닥치고 있다. 이때 또한 이곳저곳에서 그것을 통하여 독일의 정신에서부터 나치적인 요소를 제거하고자 하는 직접적인 의도가 표명된다. 그러나 그 의도에 관하여 지나치게 언급해서는 안 된다. 우리들의 가장 절실한 소원이어야 하는 것을 의향으로서 지나치게 과장해서는 안 된다. 이 영역에서는 조직화가 과도하게 이루어져서도 안 되는 것과 마찬가지로 정치적인 영역에 접해있는 중대한 목적을 지닌 국면과 문제들도 또한 분별 있고 절도 있게 취급되어야 한다. 정신적인 생활, 혹은 정신적인 가치의 추구는 그 속에 이미 정당성을 지니고 있으며, 정치적인 경향으로부터 자유롭고 움직일 수 있을 때 가장 큰 역할을 하는 법이다. 아니 그뿐만이 아니라 그것은 자주적으로 규칙에 얽매이지 않고, 그 자신의 길을 나아갈 때 가장 중대하고 또 유익한 영향을 미치는 것이다.

---

- **border(on)** vi. 접경하다, 접하다 n. 테두리, 경계
- **tact** n. 재치, 솜씨 a. **tactful** 재치 있는, 솜씨 좋은 *cf.* **tactical** a. 전술적인
- **go one's own way** 자기 생각대로 하다.

We desire therefore that these cultural strivings of ours shall have as free and unconstrained a treatment as possible. Thereby something further will be reached, which is also urgently to be desired but which must not be pushed too obviously and consciously: namely, the winning back of a spiritual contact with the other Occidental countries. For it is a fact that precisely the cultivation of our own peculiarly individual German spiritual life is what can bind us in the purest and most natural way with the spiritual life of other nations. What is more individual and German than the great German music form Bach to Brahms? It was precisely this that was taken up most thankfully by the rest of the world and brought us spiritually nearer to it.

| The German Catastrophe |

## Translation

그러므로 우리들은 이러한 문화를 위한 노력이 될 수 있는 대로 자유롭고 자발적으로 취급되기를 희망한다. 그럼으로써 또한 그 이상의 무엇을 얻을 수 있을 것이다. 그 무엇이란, 그것도 또한 절실히 간구되기는 하나, 그러나 지나치게 계획적으로 또한 경향적으로 추구되어서는 안 된다 — 즉 다른 서양 여러 민족과의 정신적인 접촉의 회복 외에는 없는 것이다. 왜냐하면, 우리의 특수한 개성적인 독일의 정신생활의 배양이야말로, 우리들을 가장 순수하게 또 자연스럽게 다른 여러 민족의 정신생활과 결합시킬 수 있기 때문이다. 바하에서부터 브라암스에 이르는 위대한 독일 음악 이상으로 개성적이며 독일적인 것이 무엇이 있으랴. 그리고 그것이야말로 가장 고맙게 다른 세계에 전해지고, 그리고 우리들을 정신적으로 그들과 가깝게 하는 것이다.

## Vocabulary

- **winning back**은 서양의 다른 여러 나라와의 정신적 접촉을 통해 우호적 관계를 성취하는 것을 말한다
- **Occidental** a. 서양의
- **It was precisely this that ~** 문장은 It - that 강조 용법에 따라 that 이하 먼저 해석한 뒤 that 앞의 대명사를 강조해준다.

In comparison with the universal effect which our music as a whole has been able to exert, the other fields of our cultural life—art, poetry, science—have exerted their effect only in the case of single great achievements. But it has always been a fact that a specifically and genuinely German spiritual production has succeeded in having a universal Occidental effect. What is more German than Goethe's *Faust* and how powerfully has it cast its radiance upon the Occident! Whatever springs from the very special spirit of a particular people and is therefore inimitable is likely to make a successful universal appeal. This fact is not limited in its application only to the relation of the German to the Occidental spirit. It also illustrates a fundamental law of the Occidental cultural community in general. We just mention it, but it could be more thoroughly demonstrated than is possible here.

| The German Catastrophe |

### Translation

독일 음악은 전부 그와 같이 세계적인 영향을 미칠 수 있었거니와, 우리의 문화생활의 다른 영역 — 예술, 문학, 학문 — 은 개별적인 위대한 작품에 있어서만 영향을 주었을 뿐이다. 그러나 그 경우에도 언제나 특히 또 진정한 독일적인 정신상의 작품이야말로 서양세계에 보편적인 영향을 줄 수 있었던 것이다. 괴테의 '파우스트' 이상으로 독일적인 것은 없었으며, 그리고 서양에 대한 그의 감화는 얼마나 깊었던가. 그리고 어느 특별한 개인의 독특한 정신으로부터 그 무엇이 발생되었던가에, 그리고 바로 그로 인해 모방될 수 없는 것이라고 해도, 그것은 곧 성공적으로 보편적인 호소력을 지니게 되는 것이다. 그러한 사실은, 아마 서양정신에 대한 독일 정신의 관계에만 국한되어 있는 것이 아니라, 일반적으로 서양적인 문화공동체의 근본 법칙을 표시하는 것이다. 이 근본 법칙에 관하여 우리들은 훗날 의견을 진술하고자 하거니와, 그때에는 지금 할 수 있는 것 이상으로 한층 깊이 그 근거를 밝힐 수 있을 것이다.

### Vocabulary

- **what** 이하 문장과 **how power fully** 이하 문장은 감탄문의 형식이다.
- **spring** vt. 생기다, 발생하다
- **inimitable** a. 모방할 수 없는 opp. **imitable** v. **imitate**
- **limit(ed) to** ~에만 한정되다, **in its application**은 삽입구이다

## 4. Friedrich Meinecke

What is more Italian than Raphael's Madonna della Sedia, and what a magic spell it casts at the same time on every sensitive cultured Occidental person! How deeply are Shakespeare's plays rooted in English soil, and yet how tremendously they have shaken and permeated the whole Occident! In order to exert a universal influence, spiritual possessions of this kind must always blossom forth naturally, uniquely, and organically out of any given folk spirit. They must originate free, spontaneous, purposeless, from the most inner creative impulse.

So as soon as there stirs the vain purpose of demonstrating to the rest of the Occident the superiority of one's own folk spirit, imitating the racial madness of the Third Reich, its influence on the Occident is nil and other peoples reject it with scorn.

### Vocabulary

- **spell** n. 마력 = charm, 매력 = fascination, incantation
- **permeate** vt. 스며들다, 침투하다
- **as soon as** 이하 문장은 종속절이며 주절의 주어는 **its influence**에 걸린다
- **stir** vi. 움직이다. 꿈틀거리다

라파엘로의 '작은 의자의 마돈나' 이상으로 이탈리아적인 것은 없거니와, 그러면서도 그것은 또한 동시에 서양의 감수성이 있는 모든 문화인에게 얼마나 깊이 매력을 주고 있는가. 셰익스피어의 극은 얼마나 깊이 영국의 지반에 뿌리 박혀 있으면서도, 서양 전체에 얼마나 심각한 감명과 감동을 주고 있는 것인가. 그러나 언제나 그와 같은 정신재가 세계적인 영향을 미칠 수 있으려면 소박하게, 본원적으로 또 유기적으로 그때그때의 민족정신에 의하여 개화된 것이어야 한다. 그것은 자유롭고 자주적으로, 무경향으로 또한 가장 내면적인 창조에의 충동에 의하여 이루어져야 한다.

그 자신의 민족정신의 우월성을 서양의 다른 민족에게 과시하려는 유치한 의도가 밝혀지자 — 제3제국의 종족적인 망상은 그렇게 하고자 기도하였다 — 서양적인 영향은 사라지고 다른 민족은 조소로써 그것을 거부한다.

---

☐ demonstrating의 목적어는 the superiority ~ spirit이며 imitating은 the vain purpose에 공동으로 걸리는 것이다
☐ **Reich** n. G. 독일 정부
☐ **nil** n. 무(無) *cf.* **nihilism** 허무주의, 회의론 syn. **nihility** 무, 허무

## 4. Friedrich Meinecke

Four decades ago, in the field of political history, I tried to show that cosmopolitanism and the modern idea of the national state were not originally rigid contrasts, but existed together for mutual enrichment or, as one might say after the fashion of Goethe and Hegel, in a polar and dialectical tension and connection with one another. Today, after a generation of the most tremendous revolutions, let us recognize that for Occidental cultural life a similar dialectic is applicable. Here also cosmopolitanism and national feelings are not rigid contrasts but are interwoven with one another. The cosmopolitan cultural community of the Christian Occident, as it has actually existed and as according to our most ardent wishes it should now again blossom forth, did not originate only from superimposed and essentially universal ideas and ideals, but also from quite individual and inimitable contributions of individual folk spirits. The most universal and the most individualistic can here be married to one another.

### Vocabulary

- cosmopolitanism n. 세계(동포)주의
- polar a. 정반대, 극지의  n. polarity 양극성  v. polarize
- dialectical a. = dialectic

| The German Catastrophe |

40년 전에 나는 정치사의 분야에서, 세계시민주의와 근대적인 국민국가의 이념은 원래 결코 완고한 대립이 아니라 서로 결실을 돕는—괴테나 헤겔에 따라서 이렇게 말할 수도 있을 것이다—대극적이면서도 변증법적인 긴장과 공존의 관계에 있음을 밝히려고 시도한 바 있다. 오늘날, 지극히 놀랄만한 변혁을 겪은 1세대 후에, 우리들은 지금 서양의 문화생활에도 동일한 변증법이 적용된다는 인식에 도달하였다. 여기에서도 세계 시민주의와 국민정신은 또한 결코 완고한 대립이 아니라 서로 함께 묶여 있다고 할 것이다. 사실에 있어서, 존속한 바 있는 그리고 또 우리의 가장 열렬한 소원에 따라서 오늘날 다시 개화할 그리스도교적인 서양의 세계 민족의 문화 공동체는 지극히 개성적이고 모방할 수 없는 기여에 의해서도 이루어졌던 것이다. 가장 보편적인 것과, 가장 개성적인 것은 여기에서 서로 융합될 수 있다.

---

- □ **The cosmopolitan ~ Occident**가 가주어이며 그것의 동사는 **did not originate ~** 이하에 연결된다. 그 사이에 있는 **as**로 시작되는 부사절 2개는 삽입절이다
- □ **superimpose(d)** vt. 첨가되다, 겹쳐놓다, 덧붙이다

## 4. Friedrich Meinecke

Is that not a rich comfort for us in our present tragic situation? We do not need any radical change in schooling in order to function effectively again in the Occidental cultural community. But the Nazi megalomania with its unculture and afterculture must absolutely disappear. Its place does not have to be taken by pale, empty, abstract cosmopolitanism, but by a cosmopolitanism which in the past was formed by the cooperation of the most individual German contributions and which is to be further formed in the future. The German spirit, we hope and believe, after it has found itself again, has still to fulfil its special and irreplaceable mission within the Occidental community.

| The German Catastrophe |

## Translation

이러한 사실은 오늘날의 비극적인 상황 하에 있는 우리들에게 하나의 큰 위안이 아닐까. 우리들은 다시 서양적인 문화공동체의 일원으로서 활동하는 데 있어, 결코 근본적인 재교육을 필요로 하지 않는다. 철저히 말살되어야 하는 것은 비문화와 사이비 문화를 수반한 나치의 과대망상뿐이다. 그러나 그에 대신할 것은, 창백한, 내용이 빈약한, 추상화된 세계 시민주의가 아니라 가장 개성적인 독일의 정신적 업적에 의하여 지난날 형성되고 앞으로도 또 형성되어야 할 세계 시민주의이다. 독일 정신은 자기 자신에로의 귀로를 발견한 뒤에는 또한 서양적인 공동체 속에서 그의 특수한 독자적인 사명을 수행하여야 한다고 우리들은 희망하고 또한 믿어도 좋을 것이다.

## Vocabulary

- megalomania n. 과대망상증
- unculture n. 비문화
- afterculture n. 사이비 문화
- The German spirit의 동사는 has still to fulfill에 연결된다

아놀드 토인비(1889~1957)는 슈펭글러에 이어 세계사를 형태학적으로 파악한 현대 영국의 역사가로서, 서재 속에서만 머물러 있었던 학자가 아니라 외교가로 당대의 정치현실에도 참여하였다. 특히 그는 고대사를 전문적으로 연구하면서, 위기의식이 지배하던 20세기 전반의 국제관계를 직접 취급했던 외교 전문가의 학문적 지식과 체험적인 지식을 살려 세계사를 조망했다.

# 5

# Arnold J. Toynbee
## Civilization on Trial

아놀드 토인비
문명의 위기

| 5. Arnold J. Toynbee |

Our present Western outlook on history is an extraordinarily contradictory one. While our historical horizon has been expanding vastly in both the space dimension and the time dimension, our historical vision—what we actually do see, in contrast to what we now could see if we chose—has been contracting rapidly to the narrow field of what a horse sees between its blinkers or what a U-boat commander sees through his periscope.

This is certainly extraordinary; yet it is only of a number of contradictions of this kind that seem to be characteristic of the times in which we are living. There are other examples that probably loom larger in the minds of most of us. For instance, our world has risen to an unprecedented degree of humanitarian feeling.

### Vocabulary

□ **field of what ~ or what ~**으로 읽을 것, field와 what으로 시작되는 2개의 **phrase**는 동격임
□ **U-boat:** U보트(제1, 2차 세계대전 시 독일의 대형 잠수함)
□ **commander** n. 지휘관, 사령관

| Civilization on Trial |

**Translation**

현대 서구인이 역사를 바라보는 전망은 터무니없이 모순에 찬 것이다. 서구인이 바라보는 역사의 지평은 공간의 차원에서나 시간의 차원에서 널리 확대해 가고 있기는 하지만, 서구인이 보고 있는 역사적 시각은 — 실제에 있어서 서구인이 현재 보고 있는 바, 즉 우리들이 원하기만 한다면 더 많이 볼 수도 있는 것과 대조를 이루고 있는 — 오히려 좁혀진 시야로 급속히 축소해 왔던 것이다. 그것은 마치 눈가리개 사이로 밖을 내다보는 말의 시야와도 같으며, 또는 U보트의 함장이 잠망경을 통해서 외부를 살피는 것과 같다고 하겠다.

이와 같은 역사 시야의 축소는 분명히 어처구니없는 일이다. 그러나 이것은 우리들이 오늘날 살아가고 있는 이 시대의 특징을 이루고 있다고 생각되는 수많은 모순 중에 속해 있는 하나의 모습에 불과하다. 다수 현대인의 마음속에 보다 커다랗게 그림자를 드리우고 있는 또 다른 실례들이 있다. 이를테면 현대 세계는 인도주의적인 입장이 전례를 볼 수 없을 정도로 고양되고 있는 시대다.

---

- **periscope** n. 잠망경(잠수함), 전망경(참호)
- **loom** vi. (걱정이) 마음을 누르다, 어렴히 나타나다, 다가오다, 어렴풋이 보이다
- **unprecedented** a. 선례(전례)없는 *cf.* **without precedent** 전례 없는, 미증유의

There is now a recognition of the human rights of people of all classes, nations, and races; yet at the same time we have sunk to perhaps unheard-of depths of class warfare, nationalism, and racialism. These bad passions find vent in cold-blooded, scientifically planned cruelties; and the two incompatible states of mind and standards of conduct are to be seen today, side by side, not merely in the same world, but sometimes in the same country and even in the same soul.

Again, we now have an unprecedented power of production side by side with unprecedented shortages. We have invented machines to work for us, but have less spare labour than ever before for human service—even for such an essential and elementary services as helping mothers to look after their babies.

| Civilization on Trial |

## Translation

모든 계급, 모든 민족, 모든 인종의 인권이 다 같이 인정받고 있는 시대다. 그러면서 동시에 현대인은 계급 투쟁과 민족주의와 인종주의라고 하는 전대미문의 고민 속에 잠겨 있다. 이 악에 받친 정열들은 그 출구를 과학적으로 계획된 냉혈적 잔인 행위에서 찾아내고 있는 것이다. 양립할 수 없는 두 개의 마음 상태, 양립할 수 없는 이 두 개의 행동 규범은 오늘날 우리가 살고 있는 하나의 세계에서뿐만 아니라, 때로는 국적을 같이하는 나라에서, 아니 한 인간의 같은 영혼 속에서까지 나란히 공존하고 있음을 발견하게 된다.

뿐만 아니라 우리들은 현재 전대미문의 생산력과 전대미문의 물자 결핍 속에 나란히 끼어 살아가고 있다. 인간은 인간을 대신하여 일할 수 있는 기계를 발명했지만, 인간을 돌보아 준다는 점에서는 그 이전 어느 시대보다는 일손에서 여가를 낼 수 없는 시대에 살아가고 있다. 심지어 어머니들이 갓난아기를 돌보는 것과 같이 필수적이고도 기본적인 일에서까지도 그런 형편이 되고 말았다.

## Vocabulary

☐ **warfare** n. 전투, 고전, 전쟁  *cf.* economic ~ 경제 전쟁
☐ **vent** n. 구멍, 출구  vi. 수면에 얼굴을 내밀다  vt. 구멍을 내다
☐ **cold-blooded** a. 냉혈의, 차가운 피를 가진
☐ **incompatible** a. 성미가 안 맞는, 상반되는, 모순된, 양립할 수 없는

## 5. Arnold J. Toynbee

We have persistent alternations of widespread unemployment with famines of manpower. Undoubtedly, the contrast between our expanding historical horizon and our contracting historical vision is something characteristic of our age. Yet looked at in itself, what an astonishing contradiction it is!

Let us remind ourselves first of the recent expansion of our horizon. In space our Western field of vision has expanded to take in the whole of mankind over all the habitable and traversable surface of this planet, and the whole stellar universe in which this planet is an infinitesimally small speck of dust. In time, our Western field of vision has expanded to take in all the civilizations that have risen and fallen during these last 6000 years; the previous history of the human race back to its genesis between 600,000 and a million years ago; the history of life on this planet back to perhaps 800 million years ago.

### Vocabulary

- **persistent** a. 고집하는, 완고한, 계속적인, 버티는  opp. **deciduous**
- **alternation** n. 교대, 교체  *cf.* **alternation of generations** 세대 교번(교체)
- **infinitesimally** ad. 무한소로, 극소량으로, 무한히 작게
- **speck** n. 작은 반점 = **spot**, 작은 조각, 단편 = **particle**, 작은 알갱이, 얼룩 = **stain**

| Civilization on Trial |

### Translation

우리들은 실업의 확대와 인력의 기근이 끊임없이 교체하는 속에서 살아가고 있는 것이다. 의심의 여지도 없이 역사적 지평이 확대일로에 있다는 것과 역사적 시각이 축소하고 있다는 것 사이의 모순도 우리 시대의 어떤 특징을 나타내는 것이다. 그러나 본질에 있어서 그 정체를 살펴볼 때, 그것은 참으로 놀라운 모습이 아닌가!

최근에 도달한 인간 지평의 확대를 우선 상기해 보기로 하자. 서구인의 시야는 공간 차원에서 확대해 갔는데, 그것은 유성이라고 하는 이 지구에서 거주가 가능하며 여행이 가능한 전체 표면에서 생을 누리고 있는 인류전체의 거주 공간을 포함하고, 그 가운데서 지구는 한없이 미소한 먼지 부스러기에 불과한 대우주를 또한 포함하기에 이르렀다. 시간 차원에서 서구인의 시야는 확대하여 지난 6000년 동안 부침한 모든 문명사를 포함하기에 이르렀으며, 나아가서 60만 년 내지 100만 년 전의 사이에 일어난 인류의 발생기에까지 소급하는 인류사의 전 단계를 비롯하여, 아마도 8억 년까지 소급되는 지상의 생명사까지 포함하기에 이르렀다.

---

- **in time** 때를 맞춰, 머지않아, 조만간, 가락(박자)이 맞아
- **has expanded to take in** ~은 확장되어서 ~을 포함하기에 이르렀다는 뜻. to 부정사의 결과적 용법
- **genesis** n. 발생, 기원, 내력 = origin

What a marvellous widening of our historical horizon! Yet, at the same time, our field of historical vision has been contracting; it has been tending to shrink within the narrow limits in time and space of the particular republic or kingdom of which each of us happens to be a citizen. The oldest surviving Western states—say France or England— have so far had no more than a thousand years of continuous political existence; the largest existing Western state—say Brazil or the United States—embraces only a very small fraction of the total inhabited surface of the Earth.

Before the widening of our horizon began—before our Western seamen circumnavigated the globe, and before our Western cosmogonists and geologists pushed our the bounds of our universe in both time and space—our pre-nationalist mediaeval ancestors had a broader and juster historical vision than we have today.

| Civilization on Trial |

이 얼마나 역사에 대한 지적 지평의 놀라운 확대인가! 그러나 동시에 인간의 역사적 시각은 축소되어 왔던 것이다. 그것은 인간 각자가 우연히도 한 시민으로 태어났던 그 시민이 속해 있는 공화국이나 왕국이라는 특정 지역의 시간과 공간이라는 좁은 한계 내에서 계속 축소되어 가는 경향을 보였다. 오늘날 남아 있는 가장 오래된 나라라 해봐야 프랑스나 영국인데, 그 정치적 지속 수명은 길어야 1000년 미만이며, 최대 규모의 서구식 국가라고 해봐야 미국과 브라질 공화국인데, 거주 가능한 지구 전체 표면 중에서 얼마 되지 않는 지역 부분을 차지하고 있을 뿐이다.

우리들의 시야의 지평이 확대하기 시작하기 이전, 말하자면 서구의 항해자들이 지구를 주항하기 이전, 그리고 서구의 우주 진화 개벽론자나 지질학자들이 인간을 둘러싸고 있는 우주의 한계를 시공 속에서 확대해 가기 이전, 국가주의자들이 아니었던 중세의 우리 선조들은 오늘의 우리들보다는 폭넓고 보다 타당한 역사적 시각을 지니고 있었다.

### Vocabulary

- **Before ~ have today.** 전체 문장의 주어는 **our prenationalist mediaeval ancestors**
- **circumnavigate** vt. 배로 일주하다, (세계를) 주항하다
- **cosmogonist** n. 우주 진화론자 *cf.* **cosmogony** 우주 진화론, 우주 개벽설

For them, history did not mean the history of one's own parochial community; it meant the history of Israel, Greece, and Rome. And, even if they were mistaken in believing that the world was created in 4004 B. C., it is at any rate better to look as far back as 4004 B. C. than to look back no farther than the Declaration of Independence or the voyages of the *Mayflower* or Columbus or Hengist and Horsa (As a matter of fact, 4004 B. C. happens, though our ancestors did not know this, to be a quite important date: it approximately marks the first appearance of representatives of the species of human society called civilizations).

Again, for our ancestors, Rome and Jerusalem meant much more than their own home towns.

| Civilization on Trial |

저들 선조들에게 있어서 역사는 저들 자신의 지역 공동체의 역사가 아니고, 그것은 이스라엘 사회나 그리스 사회나 로마 사회의 역사를 의미하고 있었다. 저들은 세계가 기원전 4004년에 창조되었다는 것을 믿는 오류를 범하고 있기는 했지만, 여하튼 기원전 4004년까지 과거 역사를 소급해서 생각했다는 것은, (국가주의자들인 우리들이 미국 시민이라고 가정할 때-역주) 미국 독립 선언 시대나 메이플라워, 콜럼부스, 헹기스트, 호사 시대 정도의 과거밖에 소급 못하는 데 비하면 더 나을 것이다(사실인즉 중세의 선조들이 알지는 못했지만, 기원전 4004년이라는 연대는 매우 중요한 시기 절정이라고 생각할 수 있다. 그것은 문명이라고 부르는 인류사회의 대표적 종들이 어슷 비슷하게 처음 등장하여 나타나고 있었던 시기에 해당하고 있다.).
또한 우리 선조들에게 있어서 로마나 예루살렘은 저들이 살아 온 고향보다 더 큰 의미를 지니는 곳이었다.

### Vocabulary

- **parochial** a. 교구의, 지방적인, 좁은, 편협한
- **happen to** 마침(공교롭게) ~하다, 우연히 ~하다
- **species** n. pl. 종류 = kind, 종(種)  *cf.* **the species** 인류

When our Anglo-Saxon ancestors were converted to Roman Christianity at the end of the sixth century of the Christian era, they learned Latin, studied the treasures of sacred and profane literature to which a knowledge of the Latin language gives access, and went on pilgrimages to Rome and Jerusalem—and this in an age when the difficulties and dangers of travelling were such as to make modern war-time travelling seem child's play. Our ancestors seem to have been bigminded, and this is a great intellectual virtue as well as a great moral one, for national histories are unintelligible within their own time limits and space limits.

| Civilization on Trial |

**Translation**

앵글로색슨의 선조들이 기독교 기원 6세기 말에 로마 카톨릭으로 개종하게 되었을 때, 저들은 라틴어를 배웠으며, 라틴어의 지식으로써 접근해 갈 수 있었던 성(聖) 문학과 세속 문학의 보고를 학습할 수가 있었다. 그리하여 로마와 예루살렘을 향하여 순례의 여행을 떠나곤 하였다. 이는 여행의 어려움이나 위험이 오늘날 전시중의 여행을 어린애 장난으로 보이게 할 정도였던 그러한 시대에 행해진 것이었다. 우리의 선조들은 도량이 넓은 훌륭한 위인들이었던 것같이 생각된다. 그리고 이는 도덕적 장점인 동시에 커다란 지적 미덕이다. 왜냐하면 국가 단위의 역사는 그 자체의 시간과 공간의 한계 안에서는 이해 불가능한 상태에 있기 때문이다.

**Vocabulary**

- **era** n. 기원, 연대, 시대, 시기 = period
- **sacred** a. 신성한 = holy, 신에게 바쳐진, 종교적인 opp. propane, secular
- **and this ~ child's play.**에서 this was made in an age when ~로 읽을 것, when 이하는 age를 설명하는 관계 부사절
- **unintelligible** a. 이해할 수 없는, 알기 어려운, 불명료한 opp. intelligible n. intelligibility

E. H. 카(1892~1982)는 라스키와 함께 현대 영국의 대표적 정치학자이며, 문필가이자 역사학자이다. 1916년 외무성에 들어가 외교관으로 활약했고, 이후 웨일즈 대학에서 국제 정치학 교수를 역임했으며, 제2차 세계대전 중에는 정보성의 외교부장 및 [런던 타임즈] 논설위원을 역임하였다.

6

E. H. Carr
The New Society

E. H. 카
새로운 사회

| 6. E. H. Carr |

2-6.MP3

The function of this last lecture is to draw together some of the threads which I have been spinning over the past five weeks and draw out the rudimentary pattern of some conclusions. The hope with which I embarked on these
5  lectures—a hope not perhaps easily realizable in our time— was to be able to combine honesty and frankness with a measure of reasoned optimism for the future. It may be thought that I have passed too lightly over the possibility of catastrophe. Of that possibility I have throughout been
10 intellectually conscious. But no society can live and function under the constant obsession of its own impending dissolution:

### Vocabulary

- **draw together** 모으다, 모여들다
- **spin** vt. 잣다, 방적하다, (장황하게) 이야기하다
- **draw out** 꺼내다, (계획을) 세우다, 파견하다
- **rudimentary** a. 근본의, 기본의, 초보의 = elementary, 원형의
- **embark** vi. 배를 타다, 출항하다, 착수하다 (in, on, upon)  n. embarkation

| The New Society |

이 마지막 강연에서 할 일은 지난 5주간에 걸쳐서 엮어 온 몇 개의 실 끝을 모아서 일종의 기본적인 결론을 끌어내는 일이다. 내가 이 강연을 시작할 때 가졌던 희망 — 우리 시대에서는 쉽사리 실현될 수 있을 것 같지 않은 희망이지만 — 은 정직하고 솔직한 태도와 미래에 대한 어느 정도의 합리적인 낙관론을 결합시킬 수 있었으면 하는 것이었다. 파국이 올 가능성을 너무 간과하고 있다고 생각할는지는 모르겠다. 그러나 이 가능성은 머리로는 충분히 알고 있는 것이다. 그러나 어느 사회든지 목전에 닥쳐올 붕괴에 항상 사로잡혀 있어 가지고는 존립할 수도 활동할 수도 없는 것이다.

---

- □ **a measure of** 다소의, 얼마간의
- □ **reasoned** a. 이성에 의거한, 심사숙고한
- □ **pass over** 경과하다, 끝나다, 넘겨주다, ~을 생략하다, ~을 무시하다
- □ **throughout** ad. 시종, 최후까지, 도처에  prep. ~동안, 죽
- □ **impending** a. 절박한, 박두한

the hypothesis of survival must be accepted, faith in the possibility of survival must exist, in order that society may be able to live and work for it. It may be thought that I have not dwelt with sufficient emphasis on the predicament in which we find ourselves. The gravity of that predicament I have no inclination to deny: what I wish to deny is that there is any predetermined pattern in history or pre-arranged destiny which condemns us to despair. As Lenin, who, being a good Marxist, was certainly not blind to the determinist elements in history, once remarked: "There is no situation from which there is absolutely no way out." So much I would say with confidence of our present situation.

| The New Society |

## Translation

살아갈 수 있다는 가설이 먼저 받아들여지고, 살아 갈 수 있다는 이 가능성에 대한 신념이 존재하는 곳에서야 사회는 그것을 목표로 존립할 수 있고 활동할 수가 있을 것이다. 또 우리가 부닥치고 있는 난국에 대하여 내가 충분히 설명을 하지 않았다고 생각할는지는 모르겠다. 나로서는 이 난국의 중대성을 부정할 생각은 없다. 내가 부정하고 싶은 것은 예정된 역사의 유형이 있다든지, 또는 우리를 절망으로 몰아넣는 운명이라는 것이 있다든가 하는 것이다. 레닌은 우수한 마르크스주의자로서 역사 속에 있는 결정론적 요소를 전혀 무시하지는 않았음에도 이렇게 말한 적이 있다. "절대로 빠져나갈 길이 없는 그런 상황은 없다"라고. 나도 현재의 상황에 대하여 자신을 가지고 이와 같이 말하고 싶다.

## Vocabulary

□ **hypothesis** n. 가설, 가정
□ **predicament** n. 곤경, 궁지
□ **gravity** n. 진지함, 중대함, 중력
□ **deny**의 목적어는 **The gravity of that predicament**이다.

But this does not mean that every conceivable exit is open. The dilemma of free will and determinism is logically inescapable. We are both free and not free. Time is short, and if we waste too much of it trying all the wrong exits we may well perish in the conflagration. The enquiry on which I have been engaged in these lectures rests on the belief that the study of history will help in the discovery which exits are available and which are not. The crisis has caught us—to revert to my old metaphor—in midstream. The fierce current which has borne us away from our moorings on the shore behind us is threatening to carry us down into the gulf. We can avoid disaster only if we bend all our efforts to navigate our ship towards the unknown shore in front. If too many of our crew are too much absorbed in nostalgic contemplation of the ruins on the backward shore, the navigation of the ship goes by default, and the prospect of our only means of escape is put in serious jeopardy.

> **Vocabulary**
> □ **conceivable** a. 있을 법한, 생각할 수 있는
> □ **conflagration** n. 큰 불, (재해의) 돌발
> □ **revert** vi., vt. 되돌아가다(to), 돌이키다
> □ **The fierce ~** the fierce current가 주어로서 which ~ behind us의 선행사이고 is threatening이 동사

그렇다고 해서 모든 출구가 열려 있다고 하는 의미는 아니다. 자유의지와 결정론의 딜레마는 논리적으로 피할 도리가 없는 것이다. 우리는 자유로우면서도 또한 자유롭지가 않다. 시간이 없는 까닭에, 출구를 잘못 찾아 헤매는 데 시간을 너무 허비하면 우리는 불에 싸여 죽을는지도 모른다. 내가 이 강연에서 계속해 온 탐구는, 역사를 연구하면 어느 출구는 이용할 수 있는 것이고 또 어느 출구는 이용이 불가능한가 하는 것을 아는 데 도움이 될 것이라는 신념에 입각해 있다. 우리는 — 전에 쓴 비유이지만 — 개울 복판에서 위험에 싸여 있다. 지나온 강변에 있는 정박지로부터 우리를 휩쓸어 온 격류가 우리를 심연으로 쓸어 내려가려고 하고 있다. 우리가 이 재난을 피할 수 있는 오직 하나의 길은 전력을 다하여 앞에 보이는 미지의 강변으로 우리의 배를 밀고 나가는 일이다. 만일 많은 선원이 뒤에 두고 온 강변의 폐허를 바라다보면서 향수에만 젖어 있다면, 배는 제 맘대로 움직여서 단 하나의 도피 방법의 전망마저 흐려지고 말 것이다.

---

- **mooring** n. 정박지
- **contemplation** n. 응시, 관조, 숙고(meditation)
- **default** n. 태만, 불이행, 부족 = lack
- **jeopardy** n. 위험 = risk    vt. jeopardize

# 6. E. H. Carr

Let me repeat, however, the *caveat* which I put forward in my first lecture, that no historical judgments are absolute and that any historical interpretation depends in part on the values held by the historian, which will in turn reflect the values held by the age and society in which he lives. It is therefore incumbent on the historian, whether explicitly or by implication, to make clear the values on which his interpretation rests, and this I shall attempt to do. But first let me contest an obvious criticism. Does not the admission that the values held by the historian necessarily enter into the history that he writes deprive history of any objective character? Can history in these conditions be more than a reflection of the whim of the historian? Now it seems to me foolish and misleading to deny the subjective element in history.

### Vocabulary

- **caveat** n. 경고, 수속, 정지 통고
- **which ~ first lecture**의 선행사는 caveat, that이 이끄는 두 개의 절은 모두 lecture의 내용이다. 또 historian 다음의 which는 the values를 받는다
- **It is therefore ~**는 it ~ to 문장으로 to make ~ rests가 진주어이고 this도 이주어의 내용을 받는다
- **incumbent** a. 의지하는(on), 의무로서 지워지는(on, upon), 현직의

| The New Society |

### Translation

그러므로 첫 강의에서 내가 말한 '경고'를 다시 되풀이하고 싶다. 즉 여하한 역사적 판단도 절대적인 것은 아니라는 점, 그리고 모든 역사적 해석은 부분적으로 역사가 자신이 신봉한 가치에 의존하고 있고, 이 가치는 또 역사가가 살고 있는 시대와 사회가 신봉하는 가치를 반영하고 있다는 점이다. 따라서 명백히 밝히건 은연중이건 간에 역사가로서는 자기 해석이 기초하고 있는 가치를 분명히 할 책임이 있는 것으로서, 나도 이러한 일을 하고자 한다. 그러나 우선 명백한 한 가지 비판에 대하여 대답부터 해두어야 하겠다. 역사가가 믿는 가치가 반드시 그가 쓰는 역사에 들어간다고 인정하면 역사의 객관성이 없어지지 않는가, 이와 같은 역사는 역사가의 망상의 반영에 지나지 않는 것이 아닌가 하는 비판이다. 그러나 나는 역시에 있어서 주관적 요소를 부정하는 것은 어리석은 일이요, 또 오해로 인도할 것이라고 보는 바이다.

---

- □ **Does not the admission ~**에서 **that ~ writes**가 **admission**의 내용이며 **deprive**가 동사이다
- □ **deprive A of B**: A에서 B를 빼앗다
- □ **whim** n. 잘 변하는 마음, 변덕
- □ **misleading** a. 그르치기 쉬운, 오해하기 쉬운

Anyone who believes in the divine right of kings—a belief beyond the scope of argument—is bound to regard the last 150 years as a period of retrogression; and, if he is a historian of that period, he will weave his facts into a pattern of decline. But this does not mean that history is purely subjective. Life rejects these logical dilemmas of choice between opposites. The question of whether man is free or determined, like the famous question about the hen and the egg, permits of two contradictory answers, both equally valid. History is both subjective and objective. The historian takes his raw material, the dry bones of fact, and, articulating them under the inspiration of his own sense of values, turns them into the framework of living history. No metaphor can be fully appropriate or expressive, since any metaphor must be taken from the field either of science or art, and history is, properly speaking, neither science nor art, but a process containing some elements of both.

### Vocabulary

- **retrogression** n. 후퇴, 역행, 쇠퇴  opp. **progression**  vi. **retrogress**
- **weave** vt. 짜다, 뜨다, 엮다
- **The question ~** 문장이 **whether** 절이 the question의 내용이며 **permits**가 동사이다

| The New Society |

왕권신수설을 신봉하고 있는 사람 — 이 신앙은 논할 것이 못되지만 — 이라면 과거 150년간을 퇴보의 기간으로 보지 않을 수 없을 것이다. 그래서 만일 이 사람이 이 기간을 전문으로 연구하는 역사가라고 한다면 자기가 지니고 있는 모든 사실을 한데 묶어서 몰락의 형태를 만들어 낼 것이다. 그러나 이것은 역사가 순전히 주관적이라는 것을 뜻하는 것이 아니다. 인생은 이와 같이 대립물 중 어느 쪽을 선택한다고 하는 논리적 딜레마를 거부한다. 인간은 자유로운 존재인가, 아니면 결정되어진 존재인가 하는 문제도, 유명한 닭과 계란의 문제와 마찬가지로 모순된 두 개의 답이 성립되는 바, 쌍방이 똑같이 타당하다. 역사는 주관적인 동시에 객관적인 것이다. 역사가는 말라비틀어진 뼈와 같은 사실을 재료로 삼아 그 자신의 가치 의식에 따라서 그것을 조립하고, 결국에 산 역사의 골격으로 바꾸어 놓는다. 어떠한 비유를 써도 충분히 적절한 표현은 없을 것이다. 왜냐하면 비유는 과학이나 예술 그 어느 영역에서 취할 수밖에 없는 것이지만, 역사는 본래 과학도 아니고 예술도 아닌, 이 양자의 요소를 포함하고 있는 하나의 과정이기 때문이다.

- □ The historian ~ raw material과 the dry bones of fact는 동격, articulating ~ values는 삽입구이고, turn into가 동사이다
- □ articulate vt., vi. 표현하다, 한 음절씩 또렷이 발음하다, 마디를 붙이다, 관절로 잇다

But however much we may insist on the subjective element in history, we do regard objectivity as something towards which the historian should strive, even if he cannot fully attain it. In what sense, then, do we believe that history can become more objective? It is sometimes said that, with the development of mass civilization, the values which the historian brings to the study of history may tend to reflect less of personal idiosyncrasy and more of the conditions of his age and society, in other words, to become collective rather than individual values; but, in so far as this change is real at all, I am not sure that the view of history through collective eyes is necessarily more objective than the view through the eyes of an individual.

| The New Society |

## Translation

그러나 역사에 있어서 주관적 요소를 아무리 강조한다 해도 우리는 객관성을 역사가의 노력의 목표 — 비록 그가 완전히 이 목표를 달성할 수는 없을지라도 — 로서 간주한다. 그러면 어떤 의미에서 우리는 역사를 더 객관적인 것이 될 수 있다고 믿는가? 우선 대중문화의 발전으로 역사가가 역사 연구에 사용하는 가치가 역사가의 개성을 반영하기보다 그 시대와 사회의 조건을 반영하는 경향이 있는 것 같다는, 다시 말해서 개인적 가치보다도 집단적 가치가 되는 경향이 있다는 말들을 자주 한다. 그러나 이러한 변화가 사실이라 할지라도, 나는 집단적인 눈으로 본 역사가 반드시 개인의 눈으로 본 역사보다 더 객관적이라고는 믿지 않는다.

## Vocabulary

□ however ~ history와 even if ~ attain it은 양보의 부사절이고, we do regard ~ strive가 주절, towards which the historian should strive는 something을 꾸미는 형용사절이다
□ It is sometimes that ~ 구문은 it ~ that 형식으로 that 이하가 it을 받는다. that 문장 안에서 what의 선행사는 the values이며, 이 values가 주어이다. 또한 less와 more는 명사로서 reflect의 목적어이다
□ idiosyncrasy n. 특질, 특이성 = eccentricity, 개성

Then it is sometimes said that the improved techniques at the disposal of the historian for establishing his facts —notably the vast progress in statistical resources and methods—will make history more objective. The historian has reason to congratulate himself on far richer resources of all kinds than were enjoyed by his predecessors. He can, and should, write better history; but, once again, I am not sure that this technical advance makes the function of interpretation any more independent of the values which the historian himself brings to it. Thirdly, I am myself tempted by the view that the historian's own greater consciousness of the subjective element in his work will help to make him more aware both of his own limitations and of the character of his own achievement.

| The New Society |

## Translation

다음으로는 역사가가 사실을 확정하는 데 쓰는 기술이 진전되면 — 특히 통계적 자료와 방법의 대단한 진보에 의하여 — 역사는 좀 더 객관적이게 되리라고들 말하는 때가 있다. 오늘의 역사가가 옛날의 역사가보다 풍부한 각종의 자료를 이용하게 된 것을 기꺼이 생각하는 것은 당연하다. 오늘의 역사가는 더 훌륭한 역사를 쓸 수 있겠고, 또 그렇게 써야 마땅하다. 그러나 역시 나는 이 기술상의 진전이라는 것이 해석의 기능을 역사가 자신이 그것에 가하는 가치로부터 독립시키게 한다고는 믿지 않는다. 셋째로, 나는 역사가가 자신이 맡은 바 그 일속에 주관적 요소를 좀 더 잘 의식함으로써 자기 자신의 한계와 자기가 하는 일의 성격을 일층 더 잘 알게 되리라고 믿고 싶은 것이다.

## Vocabulary

- at the disposal of ~의 뜻대로
- congratulate oneself on ~을 기뻐하다
- independent of ~에서 독립하여, ~에 관계없이
- tempt vt. ~의 마음을 끌다, 부추기다, 꾀다

"Those historians who have no theory", observes Professor Hancock, "fill the vacuum with their prejudices." The most suspect historian is the one who makes the loudest professions of impartiality. The most objective historian on this view is the one who is most careful to check his own subjective interpretations by the equally subjective interpretations of others.

## Translation

"이론이 없는 역사가는 그 공백을 자기의 편견으로 메운다"고 헨콕 교수는 말하고 있다. 큰소리로 공평, 중립을 선언하는 역사가야말로 가장 의심스러운 역사가이다. 이와 같이 볼 때 가장 객관적인 역사가란, 자기의 주관적 해석을 역시 주관적인 다른 역사가의 해석에 의하여 조심스럽게 점검하는 역사가라고 하겠다.

## Vocabulary

- **vacuum** n. 진공, 공허, 공백  opp. **plenum**
- **prejudice** n. 편견, 선입관, 침해, 불리
- **impartiality** n. 공평성  a. **impartial** 공평한  opp. **partiality**
- **check** vt. 저지하다, 억제하다, 대조하다, 점검하다

칼 포퍼(1902~1994)는 비엔나 출생의 오스트리아 철학자이다. 딜타이, 마이네케 등으로 대표되는 전통적 역사주의가 과학성을 목표로 역사를 체계적으로 분석하면서 역사의 법칙이나 예측을 중시한 반면, 포퍼는 이와 같은 유토피아적 사회공학의 형이상학에 대립되는 입장에서 민주적인 사회 재구성의 원리들을 분석하는 점진적 사회공학을 주장했다.

7

# Karl R. Popper
# The Poverty of Historicism

칼 포퍼
역사주의의 빈곤

# 7. Karl R. Popper

Historicism is a very old movement. Its oldest forms, such as the doctrines of the life cycles of cities and races, actually precede the primitive teleological view that there are hidden purposes behind the apparently blind decrees of fate. Although this divination of hidden purposes is far removed from the scientific way of thinking it has left unmistakable traces upon even the most modern historicist theories. Every version of historicism expresses the feeling of being swept into the future by irresistible forces.

Modern historicists, however, seem to be unaware of the antiquity of their doctrine. They believe—and what else could their doctrine of modernism permit?—that their own brand of historicism is the latest and boldest achievement of the human mind, an achievement so staggeringly novel that only a few people are sufficiently advanced to grasp it.

| The Poverty of Historicism |

### Translation

역사주의는 아주 오래된 운동이다. 도시와 민족의 생명 주기를 주장하는 이론과 같은 역사주의의 가장 오래된 형태는, 일견 맹목적인 것 같이 보이는 운명이라는 명령의 배후에는 여러 가지 목적이 숨어 있다고 하는 원시적인 목적론적 견해보다 실제로 선행하는 것이다. 이러한 숨은 목적을 점친다는 것은 과학적 사고방식에는 멀리 벗어나 있는 것이기는 하지만, 그것은 가장 근대적인 역사주의적 이론들 위에조차 틀림없는 흔적을 남겨 왔다. 모든 역사주의론은 거역할 수 없는 힘에 의해서 미래로 휩쓸려 들어간다고 하는 감정을 표명하고 있는 것이다.

그러나 근대의 역사주의자들은 자신의 이론이 고대의 것임을 알아채지 못하고 있는 깃 같다. 그들은 그들 자신이 낙인을 찍어놓은 역사주의야말로 인간정신의 가장 새롭고 가장 대담한 업적이라고 믿고 — 그들이 행한 근대 사상의 신격화는 이 밖에 또 무엇을 허용할 수 있을 것인가? — 이 업적은 놀랄 만큼 신기하기 때문에, 대단히 진보적인 소수의 사람들만이 그것을 파악할 수 있다고 믿고 있다.

### Vocabulary

□ **teleological** a. 목적론적인, 목적관의
□ **decree** n. 법령, 명령, 판결, 선고
□ **trace(s)** n. 발자국, 자취, 흔적　vt. ~의 자국을 더듬다　a. **traceable**
□ **staggeringly** ad. 놀랍게, 어마어마하게, 혼비백산할 정도로

# 7. Karl R. Popper

They believe, indeed, that it is they who have discovered the problem of change—one of the oldest problems of speculative metaphysics. Contrasting their 'dynamic' thinking with the 'static' thinking of all previous generations, they believe that their own advance has been made possible by the fact that we are now 'living in a revolution' which has so much accelerated the speed of our development that social change can be now directly experienced within a single lifetime. This story is, of course, sheer mythology. Important revolutions have occurred before our time, and since the days of Heraclitus change has been discovered over and over again.

## Translation

참으로 그들은 변화의 문제 — 사변적 형이상학의 가장 낡은 문제 중의 하나인 — 를 발견한 것은 바로 자기들이라고 믿고 있다. 그들은 그들의 '동태적' 사고를 이전세대의 '정태적' 사고와 대조해 가면서, 그들 자신의 전진을 가능하게 한 것은 우리가 지금 "혁명 속에서 살고 있다"는 사실이라고 믿고 있으며, 이러한 혁명은 우리의 발전을 훨씬 가속화하였기 때문에, 사회적 변혁은 이제는 한 사람의 생애 안에서 직접 경험할 수 있게 되었다고 믿고 있는 것이다. 물론 이러한 이야기는 신화에 지나지 않는다. 중요한 혁명들은 우리의 시대 이전에 이미 일어났으며, 또 헬라클레이토스의 시대 이래로 변화는 몇 번이고 거듭해서 목도되어 왔던 것이다.

## Vocabulary

- **dynamic** a. 동력의, 동적인, 역학상의  opp. **static**
- **accelerate** vt. 빨리하다, 가속하다, 진척(촉진)시키다  a. **accelerative**  n. **acceleration**
- **sheer** a. 순전한, 단순한  ad. 순전히, 아주

# 7. Karl R. Popper

To present so venerable idea as bold and revolutionary is, I think, to betray an unconscious conservatism; and we who contemplate this great enthusiasm for change may well wonder whether it is only one side of an ambivalent attitude, and whether there was not some inner resistance, equally great, to be overcome. If so, this would explain the religious fervour with which this antique and tottering philosophy is proclaimed the latest and thus the greatest revelation of science. May it not, after all, be the historicists who are afraid of change? And is it not, perhaps, this fear of change which makes them so utterly incapable of reacting rationally to criticism, and which makes others so responsive to their teaching? It almost looks as if historicists were trying to compensate themselves for the loss of an unchanging world by clinging to the faith that change can be foreseen because it is ruled by an unchanging law.

> **Vocabulary**
>
> □ **venerable** a. 존경할 만한, 장엄한, 유서 깊은　ad. **venerably**　n. **venerability**
> □ **fervour** n. 백열, 작열, 열정, 열렬 = passion
> □ **tottering** a. 비틀거리는 흔들거리는　ad. **totteringly**
> □ **revelation** n. 폭로, 계시

| The Poverty of Historicism |

그처럼 유서 깊은 사상을 대담하고도 혁명적인 것으로서 제시함은 무의식적인 보수주의를 드러내는 것이라고 나는 생각한다. 변화에 대한 이처럼 큰 열광을 숙고하여 마지않는 우리들은, 그것이 상극적인 태도의 일면에 지나지 않는 것이 아닌가, 그리고 그와 똑같이 크게 극복되어야 할 어떤 내적 저항이 있었던 것이 아닌가 하고 의아하게 생각하는 것도 무리가 아닐 것이다. 만일 그렇다고 이로서 낡아빠져서 비틀거리는 이 철학을 가장 새롭고 따라서 가장 위대한 과학의 계시라고 선언하는 그 종교적 열정도 설명이 될 것이다. 결국 변혁을 가장 새롭고 따라서 가장 위대한 과학의 계시라고 선언하는 그 종교적 열정도 설명이 될 것이다. 결국 변화를 두려워하는 자는 역사주의자들이 아닐까? 그리고 그들로 하여금 그토록 철저히 비판에 대하여 합리적으로 반응할 수 없도록 만드는 것과, 또 다른 사람들로 하여금 그들의 가르침에 대하여 그토록 감응을 일으키게 만드는 것도, 어쩌면 바로 이러한 변화에 대한 공포가 아닐까? 거의 역사주의자들은 변화는 불변적 법칙에 의해서 지배되기 때문에 예견될 수 있다고 하는 신앙에 집착함으로써, 마치 불변적 세계를 상실한 데 대한 보상을 받으려고 노력하고 있는 것처럼 보인다.

□ **And is it not ~ to their teaching?** 문장에서 **this fear of change**를 설명하는 관계절은 **which makes them so ~**와 **which makes others so ~**의 두 가지로 되어있다.
□ **cling to** ~에 매달리다, ~에 집착하다

# 7. Karl R. Popper

It is of some interest that what is usually called '*scientific objectivity*' is based, to some extent, on social institutions. The naive view that scientific objectivity rests on the mental or psychological attitude of the individual scientist, on his training, care, and scientific detachment, generates as a reaction the sceptical view that scientists can never be objective. On this view their lack of objectivity may be negligible in the natural sciences where their passions are not excited, but for the social sciences where social prejudices, class bias, and personal interests are involved, it may be fatal. This doctrine, developed in detail by the so-called '*sociology of knowledge*', entirely overlooks the social or institutional character of scientific knowledge, because it is based on the naive view that objectivity depends on the psychology of the individual scientist.

| The Poverty of Historicism |

통상 '과학적 객관성'이라고 불리는 것이 어느 정도까지는 사회적 제도 위에 기초를 두고 있다는 것은 다소 흥미 있는 일이다. 과학적 객관성이 개개의 과학자의 정신적 내지 심리적 태도와 그의 훈련, 주의, 과학적 초연성에 달려 있다고 하는 소박한 견해는, 하나의 반동으로서 과학자들은 결코 객관적일 수가 없다고 하는 회의적 견해를 유발한다. 이 견해에 의하면, 과학자들의 정열이 자극되지 않는 자연과학에 있어서는 그들에게 객관성이 결여되어 있다 해도 그것은 무시해도 좋을만한 것일는지 모르지만, 사회적 선입견, 계급적 편견과 개인적 이해관계가 개재되어 있는 사회과학에 있어서는 그것은 치명적인 일일 것이다. 이 이론은 소위 '지식사회학'에 의해서 상세히 전개되고 있거니와, 이 이론은 과학적 지식의 사회적 또는 제도적 성격을 전혀 간과하고 있는 것이다. 왜냐하면 이 이론은 객관성이란 개개의 과학자의 심리에 좌우된다고 하는 소박한 견해에 기초를 두고 있기 때문이다.

## Vocabulary

□ **The naive ~ be objective.** 문장은 **The naive view**를 **that** 이하 **detachment**까지의 동결절이 설명. 동사는 **generates**, 목적어는 **the sceptical view**이고, **that scientists ~ objective**는 목적어와 동격절.

□ **detachment** n. 분리, 이탈, 초연

# 7. Karl R. Popper

It overlooks the fact that neither the dryness nor the remoteness of a topic of natural science prevent partiality and self-interest from interfering with the individual scientist's beliefs, and that if we had to depend on his detachment, science, even natural science, would be quite impossible. *What the 'sociology of knowledge' overlooks is just the sociology of knowledge*—the social or public character of science. It overlooks the fact that it is the public character of science and of its institutions which imposes a mental discipline upon the individual scientist, and which preserves the objectivity of science and its tradition of critically discussing new ideas.

| The Poverty of Historicism |

## Translation

즉 이 이론은 자연과학의 주제가 무미건조하다는 것도, 소원하다는 것도 편파성과 사리사욕이 개개의 과학자의 신념을 해치지 못하도록 하지는 않는다고 하는 사실을 간과하고 있으며, 또 만일 우리가 과학자의 초연한 태도에 의존하지 않으면 안 된다고 한다면, 과학이란, 자연과학조차도 전혀 불가능하리라는 사실을 간과하고 있는 것이다. '지식사회학'이 간과하고 있는 것은 바로 지식의 사회학-과학의 사회적 또는 공공적 성격인 것이다. 개개의 과학자에게 정신적 규율을 부과하고, 과학의 객관성과 새로운 착상을 비판적으로 검토하는 과학의 전통을 보존하는 것이 과학과 그 제도와의 공공적 성격이라고 하는 사실을, 지식사회학은 간과하고 있는 것이다.

## Vocabulary

□ It overlooks ~ quite impossible. 문장은 neither A nor B로 A도 B도 ~하지 않는다는 구문이며, and that if ~의 절도 the fact that과 함께 동격절이 된다
□ It overlooks ~ new ideas. 문장은 character of science and (character) of its institutions에 보충하여 읽을 것. which imposes ~와 and which preserves ~는 다같이 선행사를 the public character(of science and of its institutions)로 갖는다
□ impose upon (on) ~에 부과하다

We thus find that even the best institutions can never be foolproof. As I have said before, "Institutions are like fortresses. They must be well designed and properly manned." But we can never make sure that the right man will be attracted by scientific research. Nor can we make sure that there will be men of imagination who have the knack of inventing new hypotheses. And ultimately, much depends on sheer luck, in these matters. For truth is *not manifest*, and it is a mistake to believe—as did Come and Mill—that once the 'obstacles' (the allusion is to the Church) are removed, truth will be visible to all who genuinely want to see it.

| The Poverty of Historicism |

### Translation

그리하여 우리는 제아무리 훌륭한 제도도 저절로 잘 되어나가는 것일 수는 결코 없다는 것을 알게 된다. 앞에서 말한 것처럼 "제도는 요새와 같은 것이다. 그것은 설계가 잘 되어 있고 또 적절한 인원배치가 되어 있지 않으면 안 된다." 그러나 우리는 그에 알맞은 사람이 미래에도 과학의 연구에 흥미를 가지리라고 단언할 수는 결코 없다. 또한 우리는 새로운 가설을 제시하는 재주를 가진 상상력 있는 사람이 미래에도 있으리라고 확언할 수도 없다. 그리고 궁극적으로는 이러한 문제에 있어서 많은 것이 전적으로 운에 달려 있다. 왜냐하면 진리란 '드러나 있는 것이 아니요,' 또한 일단 '장애물'(교회를 암시하는 것이다)이 제거되고 나면, 진리는 그것을 진정으로 보고 싶어 하는 모든 사람에게 보이게 될 것이라고 믿는 — 꽁뜨와 밀이 믿었듯이 — 것은 잘못이기 때문이다.

### Vocabulary

- **foolproof** a. (바보라도 틀리지 않을 정도로) 간단명료한, 실패 없는, 절대 안전한
- **fortress** n. 요새(지), 성채  vt. 요새로 방비하다
- **knack** n. 숙련된 기술, 교묘한 솜씨, 좋은 생각, 호흡, 요령  a. **knacky**
- **allusion** n. 암시, 빗댐, 언급, (수사학에서) 인류(引類)  cf. **in allusion to** 암암리에 ~을 가리켜

# 7. Karl R. Popper

I believe that the result of this analysis can be generalized. The human or personal factor will remain *the* irrational element in most, or all, institutional social theories. The opposite doctrine which teaches the reduction of social theories to psychology, in the same way as we try to reduce chemistry to physics, is, I believe, based on a misunderstanding. It arises from the false belief that this 'methodological psychologism' is a necessary corollary of a methodological individualism—of the quite unassailable doctrine that we must try to understand all collective phenomena as due to the actions, interactions, aims, hopes, and thoughts of individual men, and as due to traditions created and preserved by individual men. But we can be individualists without accepting psychologism. The 'zero method' of constructing rational models is not a psychological but rather a logical method.

### Vocabulary

□ **The opposite ~ a misunderstanding.** 문장은 The opposite doctrine is based on a misunderstanding,이 문장의 골격이 된다. **which** 이하 **physics**까지는 **doctrine**을 설명하는 관계절

나는 이상과 같은 분석의 결과는 일반화될 수 있다고 생각한다. 인간적 요인 내지 개인적 요인은 대부분의, 또는 모든 제도적 사회이론 속에 바로 비합리적 요소로 남아 있게 될 것이다. 그와 반대되는 이론, 즉 우리가 화학을 물리학으로 환원하려고 하는 것과 마찬가지 방식으로, 사회이론을 심리학으로 환원하라고 주장하는 이론은 하나의 오해에 기인하는 것이라고 나는 믿고 있다. 즉 그러한 이론은, 이 '방법론적 심리주의'가 방법론적 개체주의의 ― 우리는 일체의 집단적 현상을 개개의 인간의 행동, 상호작용, 목적, 희망, 사상에 기인하는 것으로, 그리고 개개의 인간에 의해서 만들어지고 보존되는 전통에 기인하는 것으로 이해하려고 노력하지 않으면 안 된다고 하는 전혀 논란의 여지가 없는 이론의 ― 하나의 필연적 귀결이라고 하는 그릇된 신념에서 일어나는 것이다. 그러나 우리는 심리주의를 받아들이지 않고도 개체주의자가 될 수 있다. 합리적 범형(範型)을 구성하는 '영의 방법'은 심리적 방법이 아니라 오히려 논리적 방법인 것이다.

---

- **psychologism** n. 심리주의
- **corollary** n. 추론, 당연한(자연의) 결과
- **unassailable** a. 공격할 틈이 없는, 논쟁(비판)의 여지가 없는, 논파할 수 없는

 아담 샤프(1913~2006)는 비엔나 학파의 역사학자로 오스트리아 비엔나에 있는 '유럽 사회과학 연구 협의회'의 의장을 역임하였다. 인식주체로서 역사가가 지닌 역할을 무시한 채 역사적 사실에만 최고의 가치를 부여하고, 역사가를 단지 수동적, 관조적인 사실 기록자에 불과하다고 규정한 실증주의와 역사가의 능동성을 강조한 현재주의를 함께 비판한 그는, 역사란 객관적으로 존재하는 역사적 사실과 그것을 인식하는 역사가의 능동적 행위를 통하여 종합적으로 구성된다고 보았다.

8

Adam Schaff
History and Truth

아담 샤프
역사와 진실

In concluding these reflections let us pose the question with which we began this work: "Do historians lie when, having at their disposal the same stock of historical materials known in a given period, they write different history? Are they certifying the non-scientific nature of history when, in line with a change of the conditions of a period and not only due to having richer factual material at their disposal, they write history not only anew, but also differently in every period?"

A negative answer to both these questions at the present moment – the end of our reflection—is better grounded by considerations of the social conditioning of historical cognition and the role which the activity of the subject plays in this cognition. It is not worthwhile to revert to these issues here. One would like to add only to what has already been stated within the framework of detailed reflections on various aspects of this subject a few remarks of a more general character.

## Translation

이상과 같이 논의를 마무리하면서, 우리가 이 책의 첫머리에서 제기한 질문을 살펴보도록 하자. 그 질문은 다음과 같다. 역사가들이 당시까지 알려져 있는 똑같은 사료들을 다루면서도 역사를 각기 다르게 서술할 경우, 그들은 거짓말을 하고 있는 것인가? 시대적 조건이 변화하고 자신들이 다룰 수 있는 사료들이 더욱 풍부해짐에 따라 역사가들은 새롭게 역사를 서술하며, 그렇기 때문에 각 시대마다 역사 서술은 달라지는데, 그 경우 그들은 역사의 비과학성을 입증하고 있는 것일까?

지금 이 순간 — 즉 우리의 논의가 마무리되고 있는 순간 — 에 위의 두 가지 질문에 대한 부정적 대답을 역사 인식의 사회적 조건과 이 인식에 있어서 주체의 능동성이 하는 역할을 고려할 때 더욱 더 확실한 근거가 마련된다. 여기에서 그 문제들을 다시 고찰할 필요는 없을 것이다. 이미 그 문제들을 여러 가지 측면에서 자세히 고찰하면서 언급했던 사항을 몇 마디 덧붙이기만 하면 족하리라 생각된다.

## Vocabulary

- **certify** vt. 문서로 증명하다, 인증하다, 보증하다
- **in line with** ~와 일직선으로, ~와 일치하여, 조화되어, ~에 따라
- **cognition** n. 인식, 인식력, 지식
- **revert** vi. (원상태로) 되돌아가다, 다시 돌아가다  vt. (눈길을) 돌리다

## 8. Adam Schaff

The apparently striking problem of the variability of the historical vision of particular historians living in the same period and more so of those in diverse periods is, in reality, a banal problem; the appearance of theoretical complications is derived from an erroneous starting accepted in reasoning.

It is usually taken for granted that the historian begins with facts and it is precisely the historical facts which are the object of his inquiry and cognition; the world 'fact' is taken to be the name of a concrete occurrence in the past. But it is not true that the historian begins his mental work with facts, nor that it is precisely such facts which are the object of his inquiry and cognition. Such convictions are a remnant of the positivist belief in the model of history written "wie es eigentlich gewesen" from a compilation of facts which an historian only presents. It is in this erroneous premise that we find the key to deciphering the problem which concerns us.

### Vocabulary

- **The apparently ~ a banal problem.** 문장은 **The problem is a banal problem**이 골격임
- **variability** n. 변하기 쉬움, 변화성, 변이성
- **banal** a. 진부한, 평범한(= commonplace) ad. banally
- **erroneous** a. 그르친, 잘못된, 틀린 ad. erroneously

| History and Truth |

동일한 시대에 사는 역사가들일지라도 각각 서로 다른 역사관을 갖고 있다는 사실, 그리고 다른 시대에 사는 역사가들은 더욱 상이한 역사관을 갖고 있는 매우 놀랄 만한 사실조차도 실제로는 진부한 문제이다. 그 문제가 이론적으로 복잡하게 보이는 것은 추론의 출발점이 잘못된 데서 기인하는 것이다.

역사가들이 사실에서 출발한다는 것은 당연한 일이다. 그리고 그의 연구대상과 인식대상이 되는 것은 바로 역사적 사실이라는 것도 너무나 당연하다. 여기에서 '사실'이라는 말은 과거에 구체적으로 발생한 것을 지칭하는 이름으로 사용된다. 그러나 역사가 사실을 갖고 사유행위를 시작한다는 주장은 옳지 못하며, 그의 연구대상과 인식대상이 역사적 사실이라는 주장도 진실이 아니라고 말하는 사람이 있다. 그렇게 확신하는 것은, 역사란 역사가 제시하는 복잡한 사실들로부터 '본래 있는 그대로' 쓰여야 한다는 실증주의적 신념의 잔재인 것이다. 우리가 관심을 갖고 문제를 해결할 수 있는 관건은 바로 이러한 잘못된 전제를 수정하는 데에 있다.

☐ **positivist** n. 실증철학자 *cf.* **positivism** 실증주의
☐ **wie es eigentlich gewesen** 있는 그대로 = **as such, in itself**
☐ **decipher** vt. 해독, 판독하다 n. **decipherment**

The historian commences his work not with facts, but with historical materials, with sources in the broadest meaning of this word, from which he constructs that what we call historical facts. He constructs them both in the sense that he appropriately selects the material which he has at his disposal, employing some criterion of importance, as well as in the sense that he articulates the source material endowing it with the appropriate shape of historical events. In spite of appearances, historical facts are thus not the starting-point, but the end, the result. On the other hand, it is not odd at all that this same source material can serve, and in fact does serve, as raw material for various constructions. A broad span of the manifestations of the subjective factor enters into the picture here; beginning with the effective knowledge about society up to various forms of social conditioning.

> Vocabulary
> 
> □ He constructs ~ historical events. 문장은 He constructs them both in the sense that ~ as well as in the sense that~이 골격임
> □ articulate v. (사상을) 명료하게 표현하다.

| History and Truth |

역사가는 사실을 다루는 일에서부터 자신의 작업을 시작하는 것이 아니라, 사료 즉 가장 넓은 의미에서의 사적 자료들로부터 시작한다. 그는 그 자료들로부터 역사적 사실을 구성한다. 역사가는 사건의 중요성을 가름할 수 있는 기준을 사용하여 자신이 취급하고 있는 사료를 적절하게 선택하며, 또한 그 자료들에 역사적 사건으로서의 적절한 형태를 부여하면서 그것들을 가공하는 것이다. 따라서 겉보기와는 달리 역사적 사실은 출발점이 아니라 종착점이며 또한 결과인 것이다. 한편 동일한 사료가 다양한 역사 구성물에 원료로서 사용될 수 있으며, 사실상 사용되고 있다는 말도 결코 이상한 말이 아니다. 주관된 요소들을 표현하는 넓은 폭이 여기서 드러나는데, 그것은 사회에 대한 실제적인 지식으로부터 시작하여 사회 조건의 여러 가지 형태에 이르기까지 나타난다.

---

□ endow A with B: A에 B를 부여하다
□ raw material 원료, 여기서는 사료
□ span n. 한 뼘, 짧은 기록, 지름, 폭

The issue becomes additionally complicated when we realize that the subject of historical inquiry and cognition is not, and cannot be, a number of facts grasped in isolation, but only complete historical processes. What we call 'fact', in the sense of some concrete historical event, is the product of speculative abstraction, is treated in isolation, separated from multitudinous inks and mutual dependencies within the framework of the historical process which makes possible the understanding of the particular fragments, the 'fact'. When the historian assures that he starts with facts, then this is only an illusion; even if he thinks so subjectively then, being a good historian, he acts differently. The subject of historical inquiry and cognition is always the complete historical process, although we realize this aim by studying fragment of the whole.

| History and Truth |

**Translation**

또한 역사연구와 역사 인식의 대상은 고립된 수많은 사실들이 아니라 또한 그럴 수도 없으며, 전체적인 역사과정일뿐이라는 점을 깨닫게 될 때 문제는 더욱 복잡해진다. 우리가 어떤 구체적인 역사적 사건이라는 의미에서 '사실'이라고 하는 것은 사변적 추상의 산물이며 고립된 것으로 취급된다. 그리고 그것은 개개의 단편들, 즉 '사실'들을 이해할 수 있도록 하는 역사과정의 구조 내에 존재하는 수많은 관계들과 상호작용들로부터 분리 되어버린다. 역사가가 자신이 사실에서 출발한다고 확신할 때, 그 확신은 단지 환상에 불과하다. 그가 주관적으로 훌륭한 역사가라고 생각할지라도, 그는 자기 생각과는 다르게 행동하고 있는 것이다. 물론 우리가 전체 중의 부분들을 연구함으로써 이 목적을 인식하지만, 어쨌든 역사 연구와 인식대상은 항상 전체적인 역사과정이다.

**Vocabulary**

- grasp vi. 붙잡다, 움켜쥐다, 끌어안다, 납득하다, 이해(파악)하다
- separate from ~으로부터 분리된, ~에서 분리하다
- multitudinous a. 다수의, 떼 지은, 가지가지의, 여러 항목의  ad. multitudinously

It is impossible to do otherwise; this is only an illustration of the broader problem of the relation of the whole and the part, when the part becomes understandable only within the frame-work of the whole, and the whole is attainable in cognition only through its parts. The better the historian, the more perfectly he will be able to fulfil those tasks and methodological self-awareness will undoubtedly be of use to him in this project.

Is this a proof of the inferiority of historical cognition as compared, for instance, with mathematics? We have touched here upon the core of the old controversy regarding the value of the social sciences and, more broadly, the controversy regarding the evaluation of the humanities as against the strict sciences.

| History and Truth |

## Translation

다른 방법으로 하는 것은 불가능하다. 이상과 같은 사실은 전체와 부분 사이에 관한 보다 광범위한 문제의 예시에 불과하다. 즉 부분은 전체구조 내에서만 이해되며, 전체는 부분을 통한 인식에 의해서만 얻어지는 것이다. 역사가가 보다 높은 수준에 도달하면 할수록 그는 더욱 더 완전하게 그러한 일을 성취할 수 있다. 이를 함에 있어 방법론적 자각이란 역사가에게 의심의 여지없이 유용한 것이다.

그렇다면 위와 같은 사실로 미루어 볼 때 역사인식은 — 예를 들어 — 수학적 인식과 비교해 볼 때 열등하다고 논증할 수 있는가? 우리는 여기서 사회과학의 가치에 관한 해묵은 논쟁, 넓게 말하면 — 엄밀한 과학과 성격상 반대되는 — 인문과학의 가치평가에 관한 논쟁의 핵심을 건드린 셈이다.

## Vocabulary

- illustration n. 삽화, 도해, 실례, 예시 = instance
- attainable a. 이룰 수 있는, 달성할 수 있는, 획득 가능한  n. attainableness, attainability
- core n. 응어리, 속, 핵심, 정수, 중심  cf. at the core 마음속이, to the core 속속들이
- controversy n. 논쟁, 논의  cf. enter into controversy with ~와 논쟁을 시작하다

It is possible to answer this question by means of an apparent banality which, nonetheless, embodies a profound content: everything that we have said on the subject of historical cognition, the conclusions pertaining to historical truth imbued with scepticism, shows only that we are dealing with another type of cognition than is the case with the strict sciences. All attempts to weigh the value of the social sciences, which have led in the history of this problem to efforts to endow them with the shape of deductive sciences, are doomed, as shown by experience, to failure and only damage the domains of knowledge 'perfected' in this fashion. As regards the claims of one domain or another, and the methods applied in it, to 'superiority', everything depends on the system of reference, on the aims and tasks set in cognition and the criteria of evaluation connected therewith.

### Vocabulary

- **banality** n. 평범, 진부한 말(생각)
- **embody** vt. 구체화하다, 유형화하다, 구체적으로 표현하다(in)
- **pertaining to** ~에 관한, ~에 속하는
- **imbue** vt. ~에 감염시키다, 불어넣다, ~에 물들이다(with)

| History and Truth |

**Translation**

그리고 그 질문에 대한 대답은 명백히 진부하게 될 것이다. 그러나 아무리 진부한 대답일지라도 거기에는 의미심장한 내용이 담겨 있는 법이다. 우리가 역사 인식의 문제에 관하여 말했던 모든 것, 즉 역사적 진실에 관한 회의주의적인 모든 결론들은 우리가 정밀과학에 있어서와는 다른 형태의 인식을 다루고 있다는 사실을 보여줄 뿐이다. 사회과학의 가치를 가늠하려는 모든 시도는, 이 문제의 흐름에 있어 사회과학에 연역적인 학문으로서의 형태를 부여하려는 노력으로 이어졌는데, 경험에 의해 실패가 이미 예견되었고 이런 식으로 '완성된' 지식의 영역들에 해를 끼칠 뿐이었다. 어떤 학문영역이 주장하는, 그리고 그 학문에 적용된 어떤 방법론이 주장하는 '우월'성은 준거를, 즉 인식행위에서 설정된 목표 및 임무 또는 그것과 연관된 평가기준에 의존한다.

---

- □ All attempts ~ in this fashion. 문장에서 which have led ~ deductive sciences의 관계대명사절에서 선행사는 All attempts are doomed to failure and only damage ~ in this fashion이 문장의 요체이다.
- □ deductive a. 추리의, 연역적인  opp. inductive
- □ system of reference = frame of reference 준거틀

In any case, there is no unambiguous answer or any unambiguous appraisal in this respect. Given a determinate system of reference, definite aims of inquiry and the application of set criteria, historical cognition, as more complicated and bound up with societal life is 'superior'. But, assuredly, this is not what matters and the attempts to engage in such emulation are not only not serious, but show that scientific communities also sometimes suffer from complexes. On the other hand, the assertion that historical cognition is different, peculiar, is important, although banal. What is most important is the postulate that this cognition should be arrived at competently; that is, with full awareness of its specific nature. Only such scientific self-awareness is the best guarantee of progress.

어떤 경우이든지 그것들에 의존할 경우 명확한 대답이나 명확한 평가란 있을 수 없게 될 것이다. 가령 어느 특정한 준거틀, 특정한 연구 목적, 특정한 기준을 적용한다면, 역사인식이 더욱 복잡해질수록 그리고 그것이 사회생활과 밀접히 연관될수록 그 역사인식은 더욱 '우월한' 것이 될 경우도 있을 것이다. 그러나 확실히 그렇게 되는 일이 중요한 것은 아니다. 또 어느 것이 우월한가 하는 경쟁에 참가하려고 기를 쓰는 것도 결코 신중한 태도가 되지 못한다. 그것은 단지 학문적으로 공동체가 종종 곤란을 겪게 될지도 모른다는 사실만을 보여줄 뿐이다. 반면, 비록 진부한 주장인지는 몰라도 역사인식은 서로 다르고 개별적이라는 사실이 오히려 중요하다. 그리고 가장 중요한 것은 그러한 역사인식에 충분히 도달할 수 있다는, 즉 그 개별성을 완전히 이해할 수 있다고 하는 주장이다. 단지 그와 같은 학문적인 자각만이 진보를 보장하는 최선의 길이다.

## Vocabulary

- **emulation** n. 대항, 경쟁, 겨룸
- **postulate** vt. 요구(주장)하다  n. 가정, 자명한 원리, 기초조건
- **competently** ad. 적당히, 충분히, 적절히, 상당히

However, this state of affairs implies also far-reaching consequences in the practice of historical writing. If it is the process of history as a whole which is the subject of historical cognition, and if it is precisely this process which is the starting-point of the historian's inquiries, although he may not be always aware of this, then a variability of historical vision is a necessity. A whole, and especially a process-like, variable whole cannot be comprehended otherwise than by fragments. Even if we are aware of the necessity of arranging these fragments within the framework of the entirety of the process, then this will always remain an imperfect deed, due to its partiality. Cognition here must take on the nature of an infinite process which, in perfecting knowledge from various sides, in accumulating partial truths, leads not only to the simple addition of information, to quantitative changes of our knowledge, but also necessarily to qualitative changes of our vision of history.

| History and Truth |

### Translation

그렇지만 그 일은 실제의 역사서술에 있어 보다 광범위한 결과를 야기시킨다. 비록 역사가가 항상 깨닫고 있는 것은 아닐지라도 역사인식의 대상이 전체로서의 역사과정이라면, 그리고 역사가들의 연구의 출발점이 바로 이러한 과정이라면, 역사관의 다양성은 필연적 현상이다. 전체는, 그리고 특히 과정적 성격을 가진 가변적인 전체는 부분에 의하지 않고는 이해될 수 없는 것이다. 우리가 전체적 과정이 구조 내에서 부분들을 정리해야 할 필요성을 깨닫고 있다 하더라도, 그 일은 항상 미완성인 채로 남게 된다. 왜냐하면, 그 일 자체가 부분적인 성격을 갖고 있기 때문이다. 여기에서 인식은 무한한 과정이라는 성격을 가질 수밖에 없다. 그 무한한 과정은 여러 측면에서 지식을 완성해 나감으로써, 그리고 부분적 진실을 축적해 나감으로써 지식의 누적이라는 단순한 작업뿐만 아니라, 역사관의 질적인 변화까지도 필연적으로 야기시키는 것이다.

### Vocabulary

- partiality n. 편파, 부분성, 불공평, 치우침, 편애
- Cognition here ~ our vision of history. 문장은 Cognition here must take on the nature of an infinite process which leads not only A but also necessarily B의 구조로 파악할 것

185

## 8. Adam Schaff

The fact that historians perceive the image of history diversely, although they have the same source material at their disposal and, even more, the fact that this perception varies when the stock of material changes in step with time and—what is more important—the ability of posing questions and nothing the problems lurking in this material also differs. All this is valid and understandable, if one comprehends the process of historical cognition.

Do historians lie? This does happen at times when they are guided by extra-scientific aims and regard history only as an instrument for the current needs of practice. There has been a multitude of infamous deeds of this kind in the history of historiography, but in spite of the social weight of this problem it is trite and theoretically of no interest.

### Vocabulary

- The fact that historians ~ also differs. 문장은 The fact that ~ and, even more, the fact that ~ in this material also differs가 이 문장의 골격이다
- in step with ~와 보조를 맞추어, ~에 따라

역사가들은 비록 동일한 사료를 취급하더라도 역사상을 서로 다르게 감지하고 있다는 사실과 더구나 시간의 흐름에 따른 사료의 점진적 변화와 함께 — 보다 중요한 것으로 — 이 자료 속에 내포되어 있는 문제점들을 지적할 수 있는 그의 능력 및 문제제기의 능력도 변화한다는 사실은 또한 다르다. 만일 역사인식이 과정적 성격을 갖고 있음을 이해한다면 이 모든 것은 당연한 것이며 또 이해할 수 있는 현상이다.

그렇다고 역사가들이 거짓말을 하고 있을까? 그들이 과학외적(外的)인 목적에 의해 이끌려지고 있을 때, 그리고 역사를 단지 현재의 요구를 실현시키기 위한 수단으로 생각할 때에는 그럴지도 모른다. 역사서술의 역사를 살펴보면 이와 같은 수치스러운 일이 수없이 자행되고 있음을 알게 된다. 그러나 사회적인 측면에서 볼 때는 중요한 것임에도 불구하고, 이 문제는 별로 새로운 것이 없는, 그리고 이론적으로도 아무런 흥미 없는 문제이다.

---

□ **at times** 때때로, 종종
□ **historiography** n. 역사기술, 역사편찬
□ **trite** a. 흔해 빠진, 진부한, 케케묵은   n. **triteness**   ad. **tritely**

What is theoretically interesting, on the other hand, are those cases when the variable historical vision is accompanied by scientific honesty and a fully competent striving towards objective truth. Under such circumstances
⁵ historians, of course, do not lie, although they may speak about the same matters diversely, or even contradictorily. This is simply the result of the specific nature of cognition which strives constantly towards absolute truth, but does so in an eternal process of accumulating relative truths.

## Translation

반면 이론적으로 흥미 있는 문제는, 변화하는 역사관이 객관적 진실을 향한 과학적이고 정직하며 아주 적절한 노력을 수반하는 경우이다. 물론 그 같은 조건하에서는 역사가들은, 비록 똑같은 사실을 다르게 표현하고 심지어 완전히 상반되게 표현하더라도 거짓말을 하고 있는 것은 아니다. 이것은 단순히 끊임없이 절대적 진실을 얻으려 노력하는, 그러나 상대적 진실을 축적하는 끝없는 과정 속에서 그렇게 하는 인식의 특성이 낳은 결과이기 때문이다.

## Vocabulary

- **diversely** ad. 다양하게
- **contradictorily** ad. 모순되게
- **cognition** n. 인식

# Book List 반석 도서목록

## TOEFL

**iBT 토플 초급자를 위한 TOEFL START Writing**
Jack Betts, Naomi Kim 공저 / 4×6배판 / 332쪽 / 15,000원 (mp3 파일 무료 제공)

본서는 iBT 토플 Writing 섹션의 출제경향을 철저히 분석하고 고득점을 얻을 수 있는 최적의 전략과 학습 방법을 제시하고 있다. 다양한 출제 예상문제와 대화 상황, 강의 주제를 다루고 있으며, 시험을 단계적으로 공략할 수 있도록 난이도를 조정하였다. 자신의 생각을 명확하게 표현할 수 있도록 문제의 이해와 답변 제시 등의 과정을 실제 시험 상황과 동일하게 훈련할 수 있도록 체계적으로 구성하였고, 권말에는 Actual Test를 수록하여 최종 점검이 가능하도록 하였다.

**iBT 토플 초급자를 위한 TOEFL START Listening**
Rebecca Hardy, Naomi Kim 저 / 4×6배판 / 368쪽 / 19,000원 (mp3 파일 무료 제공)

iBT 토플 Listening 출제경향을 분석하고 고득점을 얻을 수 있는 최적의 전략과 학습 방법을 제시하고 있다. 실질적인 청취력 향상을 위하여 Dictation 훈련에 중점을 두고 있다. 긴 지문 중 군데군데에 밑줄로 듣기 능력을 테스트해 나가다 보면 점점 자신감이 높아지는 걸 느낄 수 있다.
다양한 출제 예상문제와 대화 상황, 강의 주제를 다루고 있으며, 시험을 단계적으로 공략할 수 있도록 난이도를 조정하였다. 지문들의 상황은 거의 대학 캠퍼스에서 일어날 수 있는 강의, 학생간의 대화, 교수님과의 상담 등으로 엮었다. 권말에는 Actual Test를 수록하여 최종 점검이 가능하도록 하였다.

**iBT 토플 초급자를 위한 TOEFL START Speaking**
Rebecca Hardy, Naomi Kim 저 / 4×6배판 / 379쪽 / 15,000원 (mp3 파일 무료 제공)

본서는 iBT Speaking 섹션에 대한 길잡이로서의 역할을 하도록 구성되었다. Speaking 섹션의 출제경향을 철저히 분석한 후 고득점을 얻을 수 있는 최적의 전략과 학습 방법을 제시하고 있다. 다양한 출제 예상문제와 대화 상황, 강의 주제를 다루고 있으며, 문제의 이해와 답변 제시 등의 과정을 실제 시험 상황과 동일하게 훈련할 수 있도록 체계적으로 구성되었다. 4주 또는 6주간의 계획에 맞춰 학습하도록 하였고 권말에는 Actual Test를 수록하여 최종 점검이 가능하도록 하였다.

**iBT 토플 초급자를 위한 TOEFL START Vocabulary 1, 2**
Steven Oh 저 / 4×6배판 / 〈1권〉 419쪽 〈2권〉 427쪽 / 각권 15,000원 (mp3 파일 무료 제공)

iBT TOEFL의 어휘, 청취, 독해를 한 권으로 마스터하려는 학습자를 위한 교재. 영역별로 실전에 가장 빈번히 등장하는 중요 어휘와 5천여 개의 어구를 모두 영영식 사전 방식으로 해설하였고 어휘학습 후 청취 문제를 접함으로써 청취 실력을 향상시킬 수 있다. 한 테마에 어휘와 그에 해당하는 다양한 독해를 수록하였으며 독해 지문을 청취와 병행하여 청취 실력을 동시에 높여주는 학습효과를 누릴 수 있다. native speaker에 의해 녹음된 mp3 파일을 반석출판사 홈페이지의 자료실에서 무료로 다운받을 수 있으며 흥미로운 테마로 이루어진 지문 내용을 반복 청취하다보면 몰라보게 향상된 자신의 영어실력을 발견하게 될 것이다.

**ALL ABOUT JUNIOR iBT TOEFL Listening 시리즈**
**L1 Pre-intermediate** Naomi Kim, Alan Hahn / 4×6배판 / 208쪽 (Answer Keys 포함) / 12,000원 (mp3용 CD 포함)
**L2 Intermediate** Naomi Kim, Alan Hahn / 4×6배판 / 240쪽 (Answer Keys 포함) / 12,000원 (mp3용 CD 포함)
**L3 Advanced** Naomi Kim, Alan Hahn / 4×6배판 / 260쪽 (Answer Keys 포함) / 12,000원 (mp3용 CD 포함)

본 교재는 크게 영어 발음과 영어 리듬 원리를 공부하는 Part I과 유형별로 토플 문제를 공략하는 Part II로 구성되어 있다. Part I에서는 혼동하기 쉬운 영어 발음을 구분하고 영어의 리듬에 적응하여 청취력을 향상시키는 훈련을 한다. Part II에서는 리스닝 섹션의 출제경향을 철저히 분석하여 각 문제 유형별로 최적의 전략과 학습방법을 제시하고 있다. 또한 시험에 실제로 자주 출제되는 대화 상황과 강의 주제를 중심으로 지문을 제작하여 실전 시험과의 유사성을 높였으며, 학습 효과를 극대화 하기위해 난이도가 높은 문제들을 뒤쪽에 배치하였다.

**ALL ABOUT JUNIOR iBT TOEFL Reading 시리즈**
**R1 Pre-intermediate**
Naomi Kim, Alan Hahn / 4×6배판 / 216쪽 / 12,000원
**R2 Intermediate**
Naomi Kim, Alan Hahn / 4×6배판 / 232쪽 / 12,000원
**R3 Advanced**
Naomi Kim, Alan Hahn / 4×6배판 / 268쪽 / 12,000원

All About Junior TOEFL 시리즈는 토플을 전반적으로 다루고 섹션마다 모든 문제형식을 훈련시킨다. 최신 출제경향을 반영한 본 시리즈는 학습자들로 토플 학습에 자신감을 갖게 하고 고득점에 필요한 모든 것을 제공한다. Reading, Listening, Speaking, Writing 섹션은 수준별로 각 초급, 중급, 고급이 있다.

**TOEFL myself Reading (Advanced Course)**
Steven Oh, Michael Nolan, Richard Owell, Kevin Heiser / 국배판 / 376쪽 / 22,000원

iBT 시대를 알리는 최초의 iBT Reading 대비 교재. Reading 부분만 20회를 엮고 별권으로 해답과 해설을 실었다. 이 책의 특징은 전체가 영문으로만 되어 있다는 것. advanced reader들에게 필독서가 될 것이다.

**TOEFL myself Listening (Advanced Course)**
Steven Oh, Michael Nolan, Richard Owell, Kevin Heiser / 국배판 / 440쪽
(Answer Keys 포함) / 29,000원 (mp3용 CD 포함)

ETS에서 제시된 규정에 따라 편집되어 실제 시험과 같은 조건에서 자기 실력을 평가할 수 있도록 하였다. 본서는 12회분의 iBT Listening 문제를 제시하며 별권인 해설서에는 정답과 문제 해설이 들어 있다. 약간 높은 수준으로 만들어졌기 때문에 실제 시험에서는 더욱 좋은 결과를 얻을 수 있을 것이다.

## SAT & IELTS

**시험에 반드시 출제되는 SATWorld's AP [Chemistry]**
SATWorld / 신국변형판(150*220미리) / 226쪽 / 18,000원 (mp4용 CD 포함)

최적의 최종 마무리용 써머리 북!
이 책은 시험을 처음 치르는 학생에게는 한 눈에 시험 전체의 내용을 이해할 수 있도록 도와주며, AP시험 직전 학생에게 최종정리를 할 수 있는 Summary Book으로서 활용 가치가 높다.

**시험에 반드시 출제되는 SATWorld's AP [Biology]**
SATWorld / 신국변형판(150*220미리) / 226쪽 / 18,000원 (mp4용 CD 포함)

최적의 최종 마무리용 써머리 북!
이 책은 시험을 처음 치르는 학생에게는 한 눈에 시험 전체의 내용을 이해할 수 있도록 도와주며, AP시험 직전 학생에게 최종정리를 할 수 있는 Summary Book으로서 활용 가치가 높다.

## SAT WORDS 2400
SATWorld / 크라운판 변형 / 303쪽 / 12,000원 (mp3용 CD 포함)

이 책은 CollegeBoard의 Official Guide 및 SAT기출문제(총 35회분)를 분석했기 때문에 Sentence Completion에 출제되는 어휘의 90% 이상을 해결할 수 있다고 확신한다. 비단 SC뿐만 아니라 다른 Reading이나 Writing 섹션의 문제 해결에도 커다란 도움을 줄 것이다.

## ALL ABOUT IELTS 실전문제집 1 (Listening)
이수영, Liam Heppleston / 4×6배판 / 232쪽 / 13,000원 (mp3 CD 포함)

IELTS의 전반적인 이해를 돕기 위해 IELTS의 시험제도와 각종 정보(영역별 시험시간, 시험평가와 방법)와 전반적인 리스닝 섹션의 특징을 설명했다. 그리고 리스닝 실력을 향상시키기 위해 절대적으로 필요한 각종 리스닝 스킬을 예제와 함께 간략하게 살펴볼 수 있도록 했다. 섹션별로 출제되는 문제유형과 관련 팁들은 학생들에게 감초 같은 역할을 할 것이다.

## ALL ABOUT IELTS 실전문제집 2 (Speaking)
이수영, Liam Heppleston / 4×6배판 / 240쪽 / 13,000원 (mp3용 CD 포함)

본 책은 IELTS 스피킹 10회분의 문제와 해설을 수록한 최종 마무리 테스트용 교재이다. 각 1회분은 파트 1(5~6 Questions), 파트 2(1 Task Card), 파트 3(5~6 Questions)으로 구성되었고, 실제 시험과 비슷한 최신의 출제경향과 문제형태를 반영했다. 특히, 파트별로 실제 시험에 출제되었던 질문을 응용하여 만들었기 때문에 실진감각을 익히는 데 많은 도움이 된다. 영어가 모국어인 사람들에게도 면접관과 1대 1로 진행되는 인터뷰는 수월한 일이 아니다. 더군다나 영어가 비모국어인 수험생들에게는 상당한 노력과 연습이 필요하다. 하지만 사전에 각 파트별 예상 질문과 모범 답변을 충분하게 숙지한다면 자신이 원하는 점수를 효과적으로 획득할 것이다.

## ALL ABOUT IELTS 실전문제집 3 (Reading— General module)
이수영, Julie Tolsma / 4×6배판 / 256쪽 / 13,000원

본 책은 IELTS Reading TEST (General Module) 5회분의 문제와 해설을 수록한 최종 마무리 테스트용 교재이다. 각각의 1회분은 42문항 (4개 지문)으로 구성되었고, 실제 시험과 비슷한 최신의 출제경향과 문제형태를 반영했다. 특히, 섹션별로 다양한 지문(6주제)과 문제유형(7형태)을 제공하여 실전감각을 익히는 데 많은 도움이 된다.

## ALL ABOUT IELTS 실전문제집 4 (Reading— Academic Module)
이수영, Julie Tolsma / 4×6배판 / 252쪽 / 13,000원

본 책은 IELTS Reading TEST (Academic Module) 5회분의 문제와 해설을 수록한 최종 마무리 테스트용 교재이다. 각각의 1회분은 42문항 (4개 지문)으로 구성되었고, 실제 시험과 비슷한 최신의 출제경향과 문제형태를 반영했다. 특히, 섹션별로 다양한 지문(6주제)과 문제유형(7형태)을 제공하여 실전감각을 익히는 데 많은 도움이 된다. 해설부분에는 문제에 해당하는 지문부분을 별색으로 처리해 찾기 쉽도록 하였다. 독자 스스로 실제 고사장과 비슷한 환경을 만들어 문제를 풀어보자.

## ALL ABOUT IELTS 실전문제집 5 (Writing— General Module)
이수영, Liam Heppleston / 4×6배판 / 256쪽 / 13,000원

IELTS Writing TEST (General Module) 15회분의 문제와 해설을 수록한 최종 마무리 테스트용 교재이다. 각각의 1회분은 Task 1 (Letter)과 Task 2(Essay)로 구성되었고, 실제 시험과 비슷한 최신의 출제경향과 문제형태를 반영했다. 특히 Task별로 다양한 문제유형을 제공하여 실전감각을 익히는 데 많은 도움을 준다. Chapter 2에서는 Task 1의 문제 유형을 사과·항의·요청·정보·감사편지로 나누어서 설명하고 Task 2의 에세이 작성 문제에서는 논쟁·장점과 단점·토론·제안·원인과 해결책으로 분류하고 있다.

## ALL ABOUT IELTS 실전문제집 6 (Writing— Academic Module)
이수영, Liam Heppleston / 4×6배판 / 292쪽 / 13,000원

IELTS Writing TEST (Academic Module) 25회분의 문제와 해설을 수록한 최종 마무리 테스트용 교재. 각각의 1회분은 Task 1(Report)과 Task 2(Essay)로 구성되었고, 실제 시험과 비슷한 최신의 출제경향과 문제형태를 반영했다. 특히 Task별로 다양한 문제유형을 제공하여 실전감각을 익히는 데 많은 도움을 준다. 실전 모의고사 전에 나오는 Introduction 부분에서는 Task 1의 문제 유형을 막대그래프·파이 차트·라인그래프·도표·복합형으로 나누어서 설명하고 Task 2의 에세이 작성 문제에서는 논쟁·장점과 단점·토론·제안·원인과 해결책·비교와 대조로 분류하고 있다.

# TOEIC

## 토익급상승 ACTUAL TEST 3 set vol. 1
김형주, 박영수 공저 / 국배변형판변형 / 312쪽(해설집포함) / 12,000원

뉴토익의 기출 문제를 면밀하게 분석, 토익 실전과 유사한 난이도를 반영한 이 책은 토익 실전문제 3회분과 LC 스크립트를 제공한다. 전체 문제에 대한 꼼꼼한 해석과 친절한 해설을 수록했기 때문에 혼자서 토익을 공부하는 수험생들에게 많은 도움이 될 것이다. 실제 시험시간인 총 120분(2시간)에 맞게 훈련하는 것이 좋으며, LC 실전문제 3회분 음원도 www.bansok.co.kr에서 다운로드 받을 수 있다

## 토익 LC 실전문제 10세트 수록 토익급상승 LC 1000제
임동찬, 유미진 / 국배변형판변형 / 350쪽(해설집포함) / 9,800원

뉴토익의 기출 문제를 면밀하게 분석, 토익 실전과 유사한 난이도를 반영한 이 책은 토익 LC 실전 문제 10회분과 스크립트를 제공한다. 전체 문제에 대한 꼼꼼한 해설을 수록했을 뿐만 아니라 저자 직강 음성강의 mp3 파일과 딕테이션이 가능한 주요 구문과 단어 등이 밑줄로 처리된 스크립트(딕테이션 노트)와 정답을 제공(www.bansok.co.kr)하기 때문에 혼자서 토익을 공부하는 수험생들에게 많은 도움이 될 것이다.

## 토익 급상승 1560제 [Part 5, 6 실전문제집]
오해원 외 / 국배변형판 / 문제 420쪽, 해설 128쪽 / 12,800원(해설집 별책 포함)

토익 파트 5, 6을 대비하는 실전문제집으로 토익 860점을 뛰어넘을 수 있도록 한 책이다. 2006년 10월부터 2009년 3월까지의 뉴토익 기출 문제를 면밀하게 분석해서, 토익 실전과 유사한 난이도를 반영하였다. 실전 문제 30회를 수록하고 있는 이 책은 1560문제와 꼼꼼한 해설을 수록하여, 혼자 토익을 준비하는 수험생들이 쉽게 공부할 수 있도록 하였다.

## 토익 급상승 900제 [LC 실전 문제집]
조용준 저 / 국배변형판 / 문제 168쪽, 해설 380쪽 / 15,800원(해설집 별책/실전문제 CD 포함)

1. 토익 LC 실전 문제 9회분(900문제), 자세한 해설(해석 포함)과 실전 팁을 제공한다.
2. LC 출제 유형과 고사장에서 문제 푸는 방법, 정답 고르는 요령 등을 제시한다.
3. 실전 문제를 강의한 mp3 파일을 무료제공(www.bansok.co.kr)한다.
4. 독자들의 주머니 사정을 고려한 합리적인 가격과 거품을 뺀 교재 구성이 특징이다.

## 토익 급상승 576제 [Part7 실전문제집]
박영수, 차형식, 박승규 저 / 국배변형판 / 문제 360쪽, 해설 288쪽 / 16,800원(해설집 별책)

뉴토익 기출 문제를 면밀하게 분석해서, 토익 실전과 유사한 난이도를 반영한 책이다. 토익 파트 7 실전 문제 12회분에 해당하는 576개의 문제와 해설, 그리고 무료 음성 강의를 제공한다. 파트 7 출제 원리를 명쾌하게 짚어주며, 저자의 오랜 강의 노하우가 고스란히 녹아 있는 실전 팁은 실제 고사장에서의 고득점을 돕는다.
파트 7에 등장하는 질문 유형(5가지), 선택지 유형(2가지), 지문 유형(6가지) 등을 살펴보고 이들 유형에 대한 특징과 정답 고르는 요령을 안내한다. 50분 내에 풀어야 하는 12회 분량의 실전 문제를 수록하였고, 음성 강의를 들으면서 부족한 부분을 스스로 체크할 수 있도록 하였다.

## 게임토익 RC
최진혁 / 크라운판변형 / 296쪽 / 10,800원
'토익은 룰(법칙)이다'의 교재 컨셉에 맞게 토익에서 항상 나오는 일정한 법칙들을 매우 쉽게 설명하고 있다. '이것은 단지 그것이다', '이럴 때 이것만을 답으로 골라라' 라는 토익 법칙들!! 게임토익 RC로 토익 파트 5·6 그 15분의 기적을 만난다.

### 독해 · 어휘 · 문법 · 작문

### 중고등학생을 위한 My Self Grammar Basic 1, 2
Thomas Bang 저 / 국배변형판 / (Basic1)204쪽 / (Basic2)208쪽 / 각 권 10,000원
중학교 교과과정부터 고등학교 전 과정의 모든 영문법
본 책은 기본 중학 영어는 중학교 2학년 영어 교과서를 종합·분석하여 해당 학년 수준의 기본 문형을 모두 다루었으며, 더 나아가 중학 문법의 기본을 전부 수록하였다.

### 중학생을 위한 My Self Grammar Start 1, 2
Thomas Bang 저 / 국배변형판 / (Start1)128쪽 / (Sart2)128쪽 / 각 권 8,000원
중학교 수준의 영문법은 물론 독해력 향상에 초점
본 책은 기본 중학 영어는 중학교 2학년 영어 교과서를 종합·분석하여 해당 학년 수준의 기본 문형을 모두 다루었으며, 더 나아가 중학 문법의 기본을 전부 수록하였다.

### 반석 영문 독해 핵심전략
이국호 / 4×6배판 / 710쪽 / 17,000원
국내 최다 영문 독해지문(647개) 수록!
- 독해구문 완벽 정리를 위한 핵심구문 110
- 수준별(단문, 중문, 장문) 지문 배치
- 다양한 분야에 걸친 방대한 양의 Reading Text 제공한다.

### iBT TOEFL, 특목고, 민사고, 자사고 준비생을 위한 보카툴
소피아 리 / B5 / 432쪽 / 각권 12,000원
iBT TOEFL·특목고·민사고·자사고 출제 영단어를 이제 하루에 한 과씩 55일 만에 완벽하게 공략해보자. 기출 영단어를 주제, 상황, 어원별로 묶어 좀 더 재미있고 좀 더 빠르게 암기할 수 있다. 단어의 영영해설, 동의어와 반의어, 영어예문과 관련어 등을 다량 수록하여 효율적인 단어 암기가 가능하다.

### New Start Voca (뉴스타트보카)
김학용 / 4×6판 / 560쪽 / 17,000원
본서는 필수적인 동의어, 파생어를 제시하여 사전을 찾는 수고를 덜도록 배려하고 있으며, 접두어의 의미를 오래 기억할 수 있는 보조설명과 단어학습의 결과를 평가해 볼 수 있는 충실한 평가문제를 수록하였다. 어려운 어근을 쉽게 익히도록 의미를 나타내는 단어로 표현하고 있으며 하나의 어원을 가지고 최대한 많은 단어를 익힐 수 있도록 편집하였다. 또한 어휘와 더불어 숙어를 익힐 수 있도록 권말에 제시하였다.

### 스토리 보카
신재현 / 4×6배변형판 / 304쪽 / 9,800원
본서는 그림과 함께 각 유닛의 재미있는 단어 탄생이야기로 자연스럽게 어휘를 익히도록 하였다. 단어의 뜻과 동의어, 파생어, 반의어 등을 읽어보고 본문에서는 다루지 못했지만, 반드시 알고 넘어가야 할 고급 어휘들을 읽어서 기억된 단어들을 간단한 연습문제에서 체크하도록 고급 어휘들을 수록하였으며 유닛 중간 중간에 있는 재미있는 '쉼터이야기'에서 다양한 이야기들로 구성하였다.

### 회화 · 일반

### 한줄 영어회화 Start Vol. 1~5
이원준 / 4×6판 변형 / 264쪽 / 각권 7,000원 (mp3 파일 무료 제공)
영어회화를 정복하기 위해서는 자나 깨나 영어로 생각하고 영어에 미쳐야 합니다. 저자가 경험한 '한줄'로 영어 말하기 5가지 솔루션을 제안합니다.

### 패턴플레이 100
황인철 / 152×225 / 324쪽 / 12,000원 (mp3 파일 무료 제공)
영작 +영어회화, 동시공략 프로그램, 필수 영문패턴 100개를 반복 훈련함으로써 영작과 영어회화가 쉬워진다.

### 야사시이 일본어회화 첫걸음
이원준 / 170×233 / 304쪽 / 12,000원 (mp3 파일 무료 제공)
- 누구나 쉽게 따라할 수 있는 일본어 회화 핵심 표현집
- 상황별 활용도 높은 문장 엄선 수록
- 초보자도 쉽게 접근할 수 있도록 한글로 발음표기
- mp3 파일 무료 제공

### 즉석에서 바로바로 활용하는 일본어회화 완전정복 2250
이원준 / 4×6판 / 416쪽 / 12,000원 (mp3 파일 무료 제공)
- 일본어 초보자도 쉽게 접근할 수 있는 기본적인 회화 표현
- 장면별 회화를 어느 상황에서든 유용하게 쓸 수 있는 사전식 구성
- 일본어 초보자도 가볍게 접근할 수 있도록 한글로 발음 표기
- 한권으로 일본어 초급회화에서 중급회화까지 마스터

### 즉석에서 바로바로 활용하는 영어회화 완전정복 2442
이국호 / 4×6판 / 484쪽 / 12,000원 (mp3 파일 무료 제공)
- 영어 초보자도 쉽게 접근할 수 있는 기본적인 회화 표현
- 장면별 구성으로 어느 상황에서든 유용하게 쓸 수 있는 사전식 구성
- 영어 초보자도 가볍게 접근할 수 있도록 한글로 발음 표기
- 한 권으로 영어 초급회화에서 중급회화까지 마스터

### 기초실력다지기편 영어의 바다에 빠트려라
하광호 / 4×6배변형판 / 280쪽 / 9,800원
미국사람에게 영어 가르치는 한국사람 미국 뉴욕주립대 영어교육학과 교수, 한국인 최초로 영어국제 시학회주최 2008 올해의 시로 선정, 영국 옥스퍼드대학에서 논문을 발표했고, 국제 시학회에서 그의 시가 올 해의 시로 선정되기도 했으며, 《EMPIRE WHO'S WHO》라는 권위 있는 교육학자들에게 수여하는 시상식에서 명예훈장상을 받기도 했다. 현재 그의 이름은 미국교육학자 명사록을 포함한 미국명사록에 올라있다.

### 생활 속 영어 바로 알기 영어의 바다를 정복하라
하광호 / 4×6배변형판 / 400쪽 / 15,000원
뉴욕주립대 하광호 교수의 미국 본토영어 특별 강좌!
미국 대학생들에게 영어를 가르치는 방법을 강의(영어 교수법)하는 한국인 하광호 교수가 심혈을 기울여서 쓴 미국 정통 영어학습 교재로 중학생에서 대학생, 일반인에 이르기까지 영어정복의 대장정에 오른 영어 학습자들을 위한 책으로 미국 현지 영어를 명쾌하게 설명하고 있다.

### 러닝점프
D.E.A.R.연구소 / 국배판 / English Running JUMP 1 Basic: 104쪽 (해설 16쪽),
English Running JUMP 2 Intermediate: 104쪽 (해설 20쪽), English Running JUMP 3 Advanced: 104쪽 (해설 28쪽) / 각 권 12,000원
미국 초등학교 교과서로 배우는 English Running JUMP
1. 미국 아이들과 같은 교재로 배운다!
2. Reading, Listening, Speaking, Writing 균형 학습
3. 다양한 읽기 주제 지문 수록
4. 체계적 수준별 학습

### 오바마 설득의 비밀
강홍식 저 / 크라운판변형 / 280쪽 / 12,000원
오바마 연설문 베스트 7선 '전문' mp3 파일수록!
오바마는 국회의원 재임 시절과 선거운동을 할 때 각 지역, 또는 세계 도처에서 연설을 했는데, 이 책에 그의 수많은 연설문 중 가장 높은 시청률을 기록하고 호응력 있었던 연설문 베스트 7선을 선택하여 '전문'을 수록하였다. 가장 오바마다운 연설문들을 통해 정확한 영어와 연설가의 유창한 표현을 접할 수 있다. mp3 CD를 첨부하여 발음을 반복해서 들어볼 수 있다.